"Uma sociedade justa pressupõe o respeito dos direitos humanos, e a fruição da arte e da literatura em todas as modalidades e em todos os níveis é um direito inalienável" - Antonio Candido

Mediação da leitura literária em bibliotecas

Organização de Jorge Moisés Kroll do Prado

Edição de Vagner Amaro

1ª reimpressão

malê

Coleção Leituras e Mediações

2019

ISBN 978-85-92736-56-9

Editora Malê.

Direção: Vagner Amaro e Francisco Jorge

Editor: Vagner Amaro

Capa: Dandarra de Santana

Editoração: Maristela Meneghetti

Revisão: Francisco Jorge

Texto revisado segundo o novo Acordo Ortográfico da Língua Portuguesa.

Dados internacionais de catalogação na publicação (CIP) Vagner Amaro

CRB-7/5224

M489 Mediação da leitura literária em bibliotecas / Organização de Jorge Moisés Kroll do Prado; edição de Vagner Amaro. – Rio de Janeiro: Malê, 2019.

246 p.; 21 cm.

ISBN 978-85-92736-56-9

Biblioteconomia 2. Mediação da leitura 3. Bibliotecas I. Título

CDD – 020

www.editoramale.com.br

contato@editoramale.com.br

2019

Coleção Leituras e Mediações

A coleção Leituras e Mediações reúne textos de pesquisadores, escritores, bibliotecários e arte-educadores que refletem sobre as possibilidades de se construir uma sociedade em que a leitura, a literatura e o uso competente da informação se consolidem como uma efetiva prática social. A coleção é coordenada pelo editor e bibliotecário Vagner Amaro. O conselho editorial da coleção é formado por doutores nas áreas de Letras e Ciência da Informação e contribui na avaliação das propostas de publicação.

- Volumes 1. Entre textos e afetos: formando leitores dentro e fora da escola, de Sonia Rosa.
- Volume 2. Mediação da leitura literária, organização de Jorge Moisés Kroll do Prado..

Tratando-se de leitura, o mediador é aquele que medeia, intervém, aproxima o leitor do texto. Em outras palavras, o promotor da relação leitor – objeto – leitura. Também, aquele que pode causar no sujeito o desejo pela colheita produtiva dos sentidos dos textos, descortinar o horizonte do leitor e ajudá-lo a "olhar" a "imensidão do mar" de sensações e significados advindos da linguagem, especialmente a literária.

Eduardo Galeano

SUMÁRIO

APRESENTAÇÃO

Jorge do Prado

Tão intrínseco no trabalho bibliotecário quanto os suportes informacionais, está a mediação da informação. Santos Neto (2019), ao longo de toda a sua tese, explora o conceito com muita propriedade, colocando dois anos como embrionários para a adoção do termo: em 1935, com Ortega y Gasset e anos 1970, com Shera. Para ambos, uma atenção voltada ao interagente, ao leitor, a partir de uma relação intelectual, psicológica e fisiológica em desenvolvimento.

Frente a esta importância, propor um livro sobre mediação da leitura literária, num contexto em que se evidencia cada vez mais a necessidade de uma sociedade com consciência crítica, cidadã e fraterna, é um legítimo desafio. Destacar iniciativas na maioria das tipologias de bibliotecas (escolar, universitária, pública, comunitária, empresarial, prisional), com uma diversidade de público (das crianças aos idosos e indivíduos em situação de vulnerabilidade social) e de fontes de informação (livros, e books, audiolivros, tecnologias assistivas, entre outras) foi o principal objetivo deste livro.

Em três meses, recebemos 56 capítulos. Muitos relatos interessantíssimos, com qualidade reflexiva ímpar, de todas as regiões brasileiras. Aqui, apresentamos o resultado contendo 15 capítulos, selecionados pela sua qualidade textual, originalidade, argumentação e contribuição para a Biblioteconomia e Ciência da Informação. Todos respeitando a diversidade com a qual nos propusemos ao lançar a chamada desta publicação.

Iniciamos a obra com uma reflexão sobre o ato de ler literatura, idealizada a partir de um projeto chamado ***Rodas literárias*** que circundou três bibliotecas públicas, sendo uma no estado do Rio de Janeiro e duas no de São Paulo. O texto ficou a cargo de Mozilene Neri, que também foi a responsável por tal projeto.

Ler em tempos que a informação é criada, acessada e compartilhada numa velocidade incomparável, tem sido um ato que cada vez mais se discute, inclusive no âmbito da capacidade de concentração, que cada vez mais tem diminuído. Regina Garcia Brito apresenta estas interlocuções em ***Mediação da leitura literária em bibliotecas: entre a velocidade da sociedade da informação e o tempo para fruição e troca de saberes.***

O terceiro capítulo reflete a crescente cultura da participação, termo proposto por Shirky (2011) em obra homônima. ***Iniciativas espontâneas de acesso ao livro,*** de Lorisa Herminia Pinolevi de Souza Dias e Maria Cristina Palhares, apresenta projetos idealizados de maneira participativa, descentralizada, com o principal intuito de fornecer leitura de qualidade ao maior público possível.

Iniciamos as reflexões em tipologias de bibliotecas com o capítulo de Fabíola Ribeiro Farias e Cleide Aparecida Fernandes, ***Leitura literária e mediação na biblioteca pública: exercício de identidade e alargamento de fronteiras.*** As autoras trazem para discussão a importância e necessidade de se ter acesso à leitura literária num país como o nosso, em que ainda é dificultosa a entrada de livros na maioria das casas dos brasileiros, e qual o papel das bibliotecas públicas frente a este panorama.

Cristina Troller e Marina Marostica Finatto, além de vislumbrar, conseguem apresentar e detalhar o planejamento de atividades de mediação da leitura com a finalidade de cumprir sua função dentro do contexto escolar. Suas percepções são exploradas no capítulo quinto, ***Planejamento de mediação da leitura na biblioteca escolar: teoria e práticas.***

Felínio Freitas apresenta-se como um mediador de leitura, logo, seu capítulo nos presenteia com um discurso em primeira pessoa, repleto de sensibilidade e olhar e atitude atentas ao público e ao objeto livro. Sua trajetória de formação é apresentada em *Os percursos poéticos e afetivos de um mediador de leitura ou de como me tornei um mediador ou de como a sensibilidade atravessa o trabalho cultural.*

"Mediar a leitura literária é, para mim, promover o encontro do mediador e do leitor com a sua humanidade". Nos deparamos com esta frase logo nas primeiras linhas do capítulo de Carla Sousa, *Biblioterapia e a mediação afetuosa da literatura: experiências de bibliotecári@s em bibliotecas*. Enquanto especialista no tema, Carla apresenta experiências de profissionais da Biblioteconomia que atuam com mediação da leitura literária alinhada com a biblioterapia.

Como o bibliotecário escolar deve atuar na mediação da leitura com vistas ao acolhimento e legitimidade da cultura africana e/ou afro-brasileira? Esta é a questão norteadora em *Mediação da leitura literária na biblioteca escolar: um relato de experiência sobre a implementação da Lei nº 10.639/2003*, de Daviane da Silva Ribeiro e Patrícia Vargas Alencar. As respostas buscam ser encontradas a partir de um relato de experiência realizado no Colégio Dom Pedro II, no Rio de Janeiro.

Evandro Jair Duarte nos apresenta um ensaio sobre as relações que podem e devem ser construídas entre a criança e o objeto estético livro e quais as interações oriundas na tríade autor-texto-leitor. É de sua autoria o nono capítulo, *O leitor infantil, a leitura literária e a leitura dirigida.*

Em *O booktube como instrumento para o incentivo à leitura,* de Gabriela Bazan Pedrão, extrapola as estantes da biblioteca ao alcançar uma variedade de público, sem restrições de fronteiras, a partir do YouTube. Enquanto criadora de conteúdo para o canal É o último, *juro!*, seus parágrafos são redigidos com muita propriedade, interlocução e novas possibilidades de aproximação entre leitor e leitura.

O décimo primeiro capítulo é de Ciro Monteiro, agente penitenciário, que também traz um relato em primeira pessoa sobre sua vivência no cárcere e o relacionamento com leitura, livros e leitores em situação de privação de liberdade. Acompanhamos seus projetos no capítulo ***Clube de leitura na prisão: a prática transformadora do ato de mediar.***

As fanfictions são um exercício de criatividade e de escrita principalmente engajado pelos adolescentes e disseminados em ambiente digital. Diante disso, Eliana Andressa Martins Gomes e Nanci Oddone elucidam o que são esta produção literária e como elas podem ser referenciadas na Base Nacional Comum Curricular. Os apontamentos são detalhados no capítulo doze, ***O universo das fanfictions no âmbito da Base Nacional Comum Curricular.***

A leitura pode ser como um abraço, como uma ferramenta de conforto em distintos momentos. Poliana Fragatti e Noely Santos corroboram com esta afirmativa ao apresentar em ***Promovendo a vida com crianças sobreviventes do câncer, um relato sobre estratégia de mediação da leitura***, um projeto de extensão idealizado por uma enfermeira e uma bibliotecária voltado a crianças que, muito cedo, já tiveram de travar extensivas batalhas por sua saúde.

Felícia Fleck enquanto doutoranda teve a oportunidade de realizar parte de seus estudos na Espanha. Ao circundar por bibliotecas daquele país, adicionado às inúmeras que visitou no Brasil, conseguiu agrupar diversos relatos de contadores de histórias. Num estudo de história de vida com história oral, suas reflexões são entregues em ***Uma costura que não se vê: contação de histórias e leitura em bibliotecas do Brasil e da Espanha.***

Encerra o nosso livro o capítulo de Paula Renata Mariano e Tatiana Soares Brandão, ***A mediação da leitura literária através da tecnologia assistiva para a pessoa com deficiência visual na biblioteca pública de Lagoa Santa – Minas Gerais.*** O texto pontua a necessidade do bibliotecário conseguir aliar essas tecnologias no acesso à literatura para deficientes visuais, uma vez que a produção de livros em braile ainda é pouco viável financeiramente no país.

Com este resultado, desejamos que você tenha uma excelente leitura. Que as próximas linhas o inspire a criar novos projetos, a ganhar fôlego em dificuldades que porventura esteja passando para continuar efetivando um acesso democrático e igualitário à literatura de qualidade.

Florianópolis, setembro de 2019.

REFERÊNCIAS

SANTOS NETO, João Arlindo dos. **O estado da arte da mediação da informação:** uma análise histórica da construção e desenvolvimento de conceitos. 460f. 2019. Tese (Doutorado em Ciência da Informação) – Faculdade de Filosofia e Ciências, Universidade Estadual Paulista, 2019.

SHIRKY, Clay. **Cultura da participação:** criatividade e generosidade no mundo conectado. Rio de Janeiro: Zahar, 2011.

PREFÁCIO

Oswaldo Francisco de Almeida Júnior

A mediação, no âmbito da Ciência da Informação, é um tema recente, mas que vem ocupando um grande espaço entre os interesses de pesquisadores e estudiosos da área. Boa parte dos cursos de pós-graduação stricto sensu no país possui a mediação como designação de linhas de pesquisa e mesmo de áreas de concentração. No ENANCIB, evento realizado anualmente pela Associação Nacional de Pesquisa e Pós-Graduação em Ciência da Informação, um dos grupos de trabalho, o GT-3, denomina-se "Mediação, Circulação e Apropriação da Informação". Fora do Brasil, a discussão específica sobre a mediação da informação começa a ocupar espaço entre os vários segmentos da área.

Apesar desse rápido crescimento, até mesmo não esperado, do tema no seio da área, ele ainda não é entendido e compreendido pelos profissionais que atuam nos equipamentos informacionais.

Na época em que iniciamos as pesquisas sobre a mediação da informação, dentro do Grupo de Pesquisa Interfaces: Informação e Conhecimento, no começo dos anos 2000, os resultados obtidos com uma pesquisa rápida, via e-mail, apontaram para um total desconhecimento dos profissionais bibliotecários – a pesquisa foi feita exclusivamente com os bibliotecários – sobre o tema e, além disso, quando os respondentes foram suscitados a apresentar, intuitivamente, seus entendimentos e concepções sobre o assunto, indicaram, majoritariamente, a ideia de "ponte". Para eles, ao menos a maioria, a mediação da informação se resumia a uma relação entre o bibliotecário e o usuário que, apesar de possuir uma dupla direção, confundia-se com um modelo tradicional de oferta e recebimento e informação.

A mediação cultural e a mediação da leitura, exemplos de segmentos da mediação, contribuíram e contribuem com aportes teóricos para a mediação da informação e, por seu lado, também recebem aportes teóricos desta.

A mediação da informação, como a entendemos e a conceituamos, é "Toda ação de interferência – realizada em um processo, por um profissional da informação e na ambiência de equipamentos informacionais –, direta ou indireta; consciente ou inconsciente; singular ou plural; individual ou coletiva; visando a apropriação de informação que satisfaça, parcialmente e de maneira momentânea, uma necessidade informacional, gerando conflitos e novas necessidades informacionais."

Esse conceito, proposto em 2015, modifica e amplia o conceito anterior, apresentado em 2006. Assim como o outro, o mais atual defende que toda ação do profissional que atua com informação é uma interferência, contrariando o entendimento de que o fazer desse profissional é neutro, imparcial e, até mesmo, apolítico. A interferência pode se dar de maneira extrínseca e intrínseca, consciente e inconsciente.

O entendimento da mediação da informação como um processo se opõe ao paradigma do acesso, amplamente difundido e aceito. Dar acesso a uma informação, ou melhor, a um documento que pode conter uma informação demandada, limita o fazer do profissional da informação apenas a entrega de materiais, na medida em que a neutralidade exige tal postura. Um trabalho estanque e que entende a técnica como uma ação específica e a recuperação da informação como independente de qualquer outro contexto que não o do momento da relação entre o equipamento informacional e o usuário.

Todo processo pode ou não ter claro seu início e seu fim. O processo da mediação da informação nos leva a compreender seu começo quando uma informação é gerada, quando um sujeito exterioriza uma informação. No entanto, essa informação não tem sua gênese no momento em que é parida. Traz consigo os embates de conhecimento travados na relação do sujeito com os outros, com o mundo. Traz consigo as artimanhas de informações apropriadas, conscientes e não conscientes, e que continuam se manifestando, mesmo depois, ou melhor, a partir de sua apropriação.

O que é exteriorizado pelo sujeito é uma ínfima parte de seu conhecimento, aquela que foi sistematizada e representa uma síntese das discussões internas – sempre na relação – e que foram motivadas pela inquietas (e irrequietas, como diria Sueli Bortolin) informações apropriadas – mais uma vez, nas relações.

Assim, a informação exteriorizada carrega em seu bojo, e já no nascedouro, significados.

A mediação da informação exige um entendimento da informação como tendo uma existência em processo. Ela já é gerada com significados e vai recebendo inúmeros outros no transcorrer de seu ciclo de vida. O seu nascimento não é algo isolado ou um marco, uma vez que, quando vem ao mundo, já se constitui em uma construção. Seu próprio surgimento é um processo.

A imagem que melhor representa o processo de uma informação, não é algo concreto que vai recebendo significados em seu ciclo de vida, mas a ideia de uma "quase-informação" que vai se ramificando, se abrindo e cada um de seus ramos recebendo significados e sendo apropriados por sujeitos diferentes e com interesses, necessidades e desejos diferentes.

No caso específico dos equipamentos informacionais, entendo que não há um trabalho com algo material, com algo tangível, mas com algo subjetivo e que se materializa, não de forma concreta, quando apropriada.

Prefiro usar o termo "protoinformação" para designar a informação com a qual os profissionais dos equipamentos informacionais trabalham. Ela é uma "quase-informação", uma "possível-informação", uma "talvez-informação". Na apropriação, ela, informação, se materializa, não concretamente, e se sujeita aos referenciais do sujeito.

A apropriação não é única, ela é dependente do indivíduo – do sujeito informacional – e dos contextos presentes – antes, durante e após – a apropriação. Os profissionais da informação, o ambiente, o momento da vida de cada sujeito etc., são interferências que resultam em apropriações diferentes.

Cada leitura de um mesmo livro resulta em apropriações diferentes, pois os referenciais não são os mesmos, os contextos são diferentes. As interferências são outras. Ler um livro sozinho, por exemplo, ou participando de um clube de leitura, implica em leituras diferenciadas.

A apropriação da informação dá-se de maneira consciente e inconsciente. O sujeito, por mais desejável que isso seja, não domina a informação que recebe. Em verdade há uma luta entre os interesses presentes na informação (incorporados a partir dos vários significados que recebe), no sujeito informacional e em todos os personagens do processo de mediação da informação. Em alguns momentos a informação se impõe e em outras o sujeito é o dominante. Mas, na medida em que nem sempre o sujeito domina a informação, ele se apropria de interesses, necessidades e desejos que não são próprios.

Falei anteriormente sobre o início da informação, a gênese não coincidindo com seu parto, e o esquecimento pela área de sua gestação. A informação tem um fim? Ela morre quando se transforma em conhecimento? Será que ela não fica incomodando, interagindo com outras informações que vão sendo apropriadas? A princípio acreditei que a informação desaparecia quando integrada ao conhecimento e quando transformava o conhecimento. Hoje, tendo a crer que a informação permanece e é lembrada em momentos específicos da relação do sujeito informacional com o mundo.

Uma discussão que deve ser realizada, a partir das concepções da mediação da informação é a da concepção de recuperação da informação. Essa concepção sempre se sustentou na ideia do objeto da área ser a informação registrada. Além disso acompanha a defesa de boa parte dos pesquisadores de que o núcleo duro da área é a organização da informação. Mais: o fazer dos profissionais e o próprio limite das pesquisas na Ciência da Informação e na Biblioteconomia, têm como paradigma o acesso à informação. O conteúdo veiculado e o entendimento da informação não são objetos de preocupação. A ideia de recuperação da informação, dessa forma, esteve e está centrada apenas nos profissionais que atuam com a informação e não com os usuários dela. Não fazem parte dos interesses da recuperação da informação, a apropriação e o próprio conteúdo da informação, pois, se assim o for, o foco no usuário será imprescindível.

O objeto da área deve, por seu lado, ser entendido a partir da mediação da informação, não só ser entendido, mas ela, mediação, ser o objeto da Ciência da Informação.

A leitura está no cerne da apropriação da informação. Não há apropriação sem leitura, claro que sendo ela entendida em seu sentido lato, ou seja, abrangendo não só o texto escrito como também a imagem fixa, a imagem em movimento e o som. Além dessas, é preciso incluir a leitura de mundo, como a entendeu Paulo Freire. Ela, leitura de mundo, interfere em nosso entendimento de mundo e nós interferimos nessa relação. Somos seres inacabados e dependentes ainda Paulo Freire – e vivemos na relação.

A mediação da informação coloca o sujeito como protagonista, mas também o faz em relação ao mediador – profissional da informação -, em relação à informação (ou protoinformação) e em relação ao equipamento informacional. Talvez nós, interessados no tema, tenhamos que pensar não só com um foco, olhar e norteados ao sujeito informacional, mas em diálogo, em aproximações entre todos os personagens que participam do processo da mediação da informação.

Oswaldo Francisco de Almeida Júnior

Doutor e Mestre em Ciências da Comunicação, pela ECA/USP. Professor Associado do Departamento de Ciência da Informação do CECA/Universidade Estadual de Londrina. Professor permanente do Programa de Pós-Graduação em Ciência da Informação da UNESP/Marília. Professor colaborador no Mestrado Profissional em Biblioteconomia da UFCA. Mantenedor do site Infohome (www.ofaj.com.br). Presidente da ANCIB – gestão 2018-2020. *e-mail*: ofaj@ofaj.com.br.

- CAPÍTULO 1 -

DA PALAVRA AO GESTO: O ATO DE LER LITERATURA

Mozilene Neri

"O viver humano se faz no conversar"
Humberto Maturana

Introdução

Se sabemos que a leitura é importante para o nosso desenvolvimento, por que não lemos? Será que a consideramos, de fato, importante? Essa pergunta frequentemente surge nos momentos críticos em que eu – como educadora – vejo o grande número de propostas e projetos de incentivo à leitura acabando, seja por conta de transições político-partidárias, seja por corte de verbas. Há dez anos trabalho nessa área, de fomento à leitura literária, sobretudo, na educação não formal, e pretendo neste ensaio trazer algumas reflexões e constatações sobre o ato de ler literatura, processo difícil e ainda muito negligenciado pelas políticas públicas. Há leis, há planos, contudo faltam vontade política e pressão popular para que possamos sair dos pífios índices de leitores brasileiros.

Para começar a caminhada, farei referência a três bibliotecas públicas onde atuei com o projeto *Rodas Literárias*, a saber: Biblioteca Parque de Niterói (BPN), situada no centro da cidade de Niterói-RJ, durante os anos de 2012, 2013 e janeiro de 2014; Biblioteca Pública Municipal Professor Ernesto Manoel Zink (BZINK), no centro de Campinas-SP, entre setembro e dezembro de 2014 e, por fim, a Biblioteca Municipal Monteiro Lobato, no centro da cidade de São Bernardo do Campo-SP (BML), entre maio e dezembro de 2018. Preciso pontuar que em cada biblioteca minha presença foi diferente, ora atuando como funcionária (BPN), ora como educadora com frequência semanal (BZINK) ou mensal (BML), o que – mais adiante – discutirei ser um ponto relevante para o fortalecimento dos vínculos. Para um maior aprofundamento sobre as ***Rodas*** realizadas na BPN e na BZINK, sugiro a leitura de minha dissertação de mestrado, intitulada ***O grande diálogo da literatura em bibliotecas públicas***[1].

Defino as ***Rodas Literárias*** como sendo interlocuções das leituras de textos literários curtos, essencialmente prosa (contos e crônicas), lidos em silêncio e em voz alta, consecutivamente, seguidos de apreciações dos participantes. Essas Rodas geralmente aconteceram com públicos acima de 14 anos, eventualmente – nas Rodas na BZINK – com público mais jovem. Foram relações intergeracionais, visto que não havia limite de idade para participar, sendo necessário somente que o leitor fosse alfabetizado. As Rodas – diferentemente dos clubes de leitura – não requeriam que os participantes conhecessem ou tivessem lido os textos previamente, pelo contrário, o não-saber e o não-ter-lido eram essenciais, pois a proposta dos encontros era justamente desmitificar alguns preconceitos em relação ao texto literário. De certa forma, valorizar excessivamente um autor ou uma obra como difícil ou enaltecer o leitor que conseguiu ler determinado título até o fim, em comparação aos demais, não aproxima em nada aquele que não teve uma boa relação com a Literatura.

Quando falamos em inclusão social na leitura, também devemos pensar e repensar nosso discurso ao apresentar um livro ou um autor a um

---

1 http://repositorio.unicamp.br/jspui/handle/REPOSIP/305003

público que tem – diariamente – uma enorme falta de estímulo para ler. A preocupação, que eu transformo em planejamento, vai desde a escolha dos textos até a forma como apresentá-los. A escolha, muitas vezes, acontece pela via do afeto. Por isso, é imprescindível que o mediador, o educador, o professor, o bibliotecário, o profissional envolvido na leitura, sejam leitores, que possuam um repertório vasto e diverso a seu dispor. É princípio básico para uma boa mediação que o mediador saiba o que está falando, sinta que o dito condiz com o que ele acredita. As crianças naturalmente percebem quando não gostamos de um livro e insistimos que ela goste. Para elas, essa incoerência não convence. E estão certas. Nós adultos, diversas vezes, escorregamos em discursos prontos, decorados, requentados pela crítica, nos esquecendo de que somos autor de nossas leituras e que o que dizemos e construímos no coletivo tem imenso valor.

Ao refletir sobre o social, o coletivo disposto nas Rodas, lembro-me de Humberto Maturana (1998), em uma passagem em que ele aborda o social como algo a ser construído, as relações sem o viés excludente, visto que para ele "As relações humanas que não se baseiam na aceitação do outro como um legítimo outro na convivência não são relações sociais." (1998, p.69). Por isso, a escuta se faz tão necessária quanto à emissão de opinião, escutar o Outro em sua diferença, escutar para entender, compreender, e não somente para responder, discordar. Essa convivência com o duplo desconhecido (o texto e o Outro) traz algumas questões para pensarmos. A primeira diz respeito à metodologia ou às metodologias possíveis para um melhor aproveitamento do texto pelo leitor, para isso, utilizarei a experiência das Rodas na BPN, em Niterói. A segunda questão abrange a pluralidade de linguagens que podemos usufruir num encontro com a Literatura, como a linguagem teatral e/ou performática, tendo como exemplo a experiência na BZINK, em Campinas. Por fim, a terceira questão é de ordem estrutural, que apontei no início do ensaio, sobre a continuidade de projetos e o vínculo que há – ou não há – entre o leitor e a prática da leitura. Para abordar essa dificuldade, trarei a experiência na BML, em São Bernardo do Campo.

O *modus operandi*

Quando as Rodas começaram em fevereiro de 2012, na BPN, a metodologia estava em discussão, pois não sabíamos o número de participantes e qual seriam suas expectativas. Eu já havia trabalhado com a dinâmica das Rodas na Casa da Leitura, em Laranjeiras, no Rio de Janeiro, com um grupo fechado num curso de 40h oferecido pela Casa, que era vinculada à Fundação Biblioteca Nacional (PROLER). Naquele curso, eu já optava por textos curtos, até mesmo capítulos de romances, para que a leitura não ficasse pendente. Dito isto, vem o que chamamos de afirmação do óbvio: quem não tem a prática da leitura, geralmente desiste quando se depara com textos longos. Quando cheguei à BPN, eu não utilizei mais capítulos de romances, salvo quando a professora Telma, do Liceu Nilo Peçanha – colégio que ficava em frente à biblioteca – levava seus alunos do ensino médio para as Rodas, em outro horário somente para eles.

Utilizando, então, contos, crônicas, poemas, as Rodas ganhavam agilidade e ritmo, aos poucos os usuários da BPN foram participando, alguns com assiduidade, outros de acordo com os gostos pessoais, visto que divulgávamos com antecedência quais seriam os textos lidos ao longo do mês (quatro ou cinco, sendo os encontros semanais, com duração de 1h30 cada um). Essa dinâmica durou quase dois anos. Como cada encontro era interdependente, não havia perda para quem não tivesse participado do encontro anterior. Consequentemente, nesse ***modus operandi***, eram separados uns cinco minutos iniciais para que eu apresentasse a dinâmica das Rodas, visto que era comum ter sempre um participante de primeira viagem. Contudo, eu evitava tecer juízo de valor sobre o texto antes da leitura, para que não houvesse perda na relação individual do leitor com o texto literário. Geralmente, deixávamos para o final esses apontamentos.

Embora essa fosse a metodologia usada, não significa que seja uma receita, pode funcionar ou não dependendo do mediador, visto que não estamos lidando com um procedimento científico, replicável, e sim com subjetividades em movimento, em um acontecimento único. O importante é flexibilizar as estratégias, para que o encontro respeite o que é apresentado em cada Roda, haja vista os imprevistos. É preciso estar atento, muito atento.

Depois de explicado como giravam as Rodas, fazíamos individualmente e em silêncio a leitura do conto, da crônica ou do poema, para isso cada um recebia uma fotocópia que não era devolvida ao final, o que servia para que o leitor tivesse um repertório sempre disponível para releituras, ou se quisesse compartilhar com outra pessoa fora da biblioteca. Se alguém chegasse atrasado, ainda seria possível agregá-lo à Roda, assim o "buraco" em cena era recuperado na leitura em voz alta. A leitura silenciosa, de fato, leva mais tempo e cada um, como sabemos, tem um ritmo próprio. Ao término dessa leitura, iniciávamos a leitura em voz alta, geralmente eu iniciando o texto e depois – quem quisesse – aleatoriamente, outras vozes finalizavam. Em todos esses anos, nunca foi preciso que eu lesse sozinha o texto, sempre houve quem tomasse a iniciativa e incentivasse outros a continuarem o coro. Assim, as Rodas giraram por quase dois anos na BPN. Infelizmente, após a minha saída para fazer o mestrado na Unicamp, as Rodas não permaneceram.

A força da voz

Não sei se você que me lê agora se lembra, no ensino fundamental, se havia o hábito de ler em voz alta na Escola. Hoje, com salas lotadas, algumas com mais de 40 alunos, torna-se difícil desenvolver um trabalho individual como esse. A força da voz do leitor ao lado da voz do texto escrito não é algo novo, mas com as Rodas se tornou algo urgente e significativo. A leitura em voz alta, como todos conhecem, nada mais é que trazer para a esfera da escuta o que antes os olhos viam. E essa dinâmica foi levada e vivida ao máximo por adolescentes em uma das Rodas na BZINK, em Campinas, quando lemos um conto de Anton Tchekhov. Depois da leitura silenciosa, alguns alunos da E.E Carlos Gomes, próxima à biblioteca, sugeriram, espontaneamente, dramatizar o texto, não só por conter diálogos, mas por perceberem que aquele conto pedia essa teatralidade, ou como diria Paul Zumthor: "Necessariamente, parece-me, a voz viva tem necessidade – uma necessidade vital – de revanche, de 'tomar a palavra', como se diz." (2000, p.19).

Vislumbrar a possibilidade de conciliar a palavra escrita à voz, sem dúvida, funciona como um jogo entre o leitor e o texto. Ler foi uma brincadeira muito séria para eles. E, assim, aquele encontro imprimiu a necessária presença da voz em todas as Rodas, trazendo – também – o olhar para o diálogo entre a Literatura e as outras linguagens artísticas, sobretudo o Teatro. Reafirmou, assim, a sua importância desde o início do projeto, lá na BPN, e que continua em todas as Rodas que giraram e girarão ainda.

A eventualidade do ato de ler

Em 2018, realizei Rodas mensais na biblioteca Monteiro Lobato, no centro de São Bernardo do Campo, via edital publicado pela Secretaria Municipal de Cultura e Juventude. A proposta era inserir textos de nações que – de alguma forma – contribuíram para a formação da cidade, pelos migrantes que ali chegavam e permaneciam, abrangendo, assim, a cultura árabe, nordestina, italiana, entre outras. O projeto intitulado "Biblioteca Mundo" foi realizado no período noturno, alcançando um público maior e diversificado. Trouxe esse exemplo não para dizer que está equivocado, ou que não deva existir, pelo contrário, mas para apontar como nossas políticas públicas de leitura se baseiam na eventualidade, ignorando o fato de que o ato de ler literatura não pode ser construído em poucos e esparsos encontros.

Como disse anteriormente, há dez anos trabalho com esse tema na educação não formal, compreendo que o hábito de ler deveria ser estimulado na educação formal e que esses eventos são extensões pontuais dessa prática de leitura. Contudo, nossa realidade não é a ideal, e se pudermos – em todas as esferas – desenvolver o ato de ler para que a população possa escolher ler ou não ler já seria um avanço. Com isso, penso em outra lacuna que persiste em nossa sociedade contemporânea: temos muito conhecimento acumulado nos livros, nas experiências de educadores, nas pesquisas, nos relatos, de como poderíamos trabalhar efetivamente o texto literário nas escolas, nas bibliotecas, nos centros culturais, todavia, por que todo esse conhecimento não migra para as nossas práticas, para nossas políticas públicas? Será que esses eventos pontuais – numa sociedade que pouco lê – não correm o perigo de reforçar que a Literatura como as outras linguagens artísticas são objetos de luxo, ou – no outro extremo – supérfluos. Lembro-me de uma frase do Ferréz, no belíssimo documentário ***Palavra (Em) cantada***, em que ele diz que a Literatura deveria ser o café da manhã de todo mundo.

Deste modo fragmentado, infelizmente, os vínculos acabam se tornando frágeis, fica impraticável uma formação ou desenvolvimento do leitor literário, pois não há tempo e, nos piores dos casos, não há um mediador que seja de fato leitor. Por isso, vemos muitas histórias individuais, sem apoio institucional, e não atentamos que essa lógica não é a ideal. Precisamos de práticas consistentes, de projetos duradouros, com preparação e formação para os mediadores, para que haja um ajuste real da palavra ao gesto.

Inconclusão

Não tenho uma conclusão definitiva. Contudo, aqui, neste breve passeio, que só existe pela insistência em acreditar que a Literatura tem o poder de transformação e abertura, gostaria de ser otimista. A Literatura envolveu muitos leitores nas Rodas, não tenho números precisos de quantos foram, mas acredito que foram centenas de cabeças diferentes (re)lendo algumas vezes o mesmo texto. Cabeças em movimento. Essa arte literária e universal tirou das casas as pessoas, retirou-as do mundo cronológico e apressado. Colocou-as dentro de uma biblioteca pública, cheia de livros, de memórias e conhecimentos tão divergentes. Usurpou dessas criaturas quase duas horas de um dia, toda semana – para aqueles que eram teimosos e persistiam nesse jogo infindável e inesgotável da leitura – ou os que frequentavam esporadicamente. Tudo isso sem oferecer nada em troca, de antemão. Tenho a impressão que nós, os leitores, somos voluntários de um mundo utópico. Mas para que serve a utopia senão para caminhar, como disse Fernando Birri, diretor argentino e amigo de Eduardo Galeano, em uma das entrevistas deste. No caminho errante da linguagem literária, nos reconhecemos e nos constituímos. Nela, nossas vozes se agitam, se encontram, se entrelaçam. Compartilhamos as mesmas inquietações e o abismo da incessante busca por sentidos.

A literatura se realiza na linguagem que, por sua vez, é vivenciada na leitura, neste ato particular que os leitores realizam ao percorrer as páginas de um livro. Nas Rodas, a leitura de cada um poderia formar uma leitura coletiva, mas dificilmente fechada em si mesma. Os pontos discordantes de um texto oscilavam em prol do que constitui a própria linguagem literária: a ambiguidade do sentido, a pluralidade de discursos. Apropriar-se de uma leitura também significava abrir mão de outra ou, contraditoriamente, chamá-la de volta com outros sentidos. O jogo que o leitor joga é criado por ele mesmo e pelo texto que o perpassa. Na leitura, as regras são intercambiáveis de acordo com a invenção com a qual o leitor trabalha. O jogo é jogado, o saber vivenciado, suscitando um conhecimento que diz ao leitor o que ele – na travessia da leitura – vai reconhecendo e criando para si e para o Outro.

Seria, então, o que Barthes (2004b, p.27) chama de texto-leitura? O texto que escrevemos quando lemos. Ou, melhor, seriam vários textos se escrevendo em nós na leitura? Difícil saber. Mas, ainda, posso concordar que "ler é fazer o nosso corpo trabalhar (sabe-se desde a psicanálise que o corpo excede em muito nossa memória e consciência) ao apelo dos signos do texto, de todas as linguagens que o atravessam e que formam como que a profundeza a chama lotada das frases." (Ibid., p.29). Passar pela cabeça não somente ideias prontas, adquiridas antes mesmo do nascimento. A possibilidade de a leitura ser compartilhada, sendo a literatura a anfitriã das leituras particulares, se funda também no desejo humano de estar junto, no social. Afinal, quando lemos sozinhos, estamos de fato sozinhos? Lemos com o corpo. Entramos em contato com algo desconhecido, que fala diretamente a nós, sem mediação, "toca ou não toca", disse Clarice Lispector.

Na leitura, somos também personagens de uma ficção. Porque antecipando ações, diálogos, reações, conflitos, estamos narrando e sendo narrados. O espaço das Rodas, assim, configura um coro de personagens, com seus olhares perspectivísticos, múltiplos, dentro de uma grande obra aberta. Ao leitor, produzindo sentidos, subvertendo diversas vezes uma lógica interna do texto, atribuía-se um valor de escritor. Seu texto lia-se, inclusive, pela negação que ele(s) produzia(m) em relação aos sentidos do(s) outro(s). Ao levantar a cabeça, num ímpeto irrepreensível, o olhar ainda continua vinculado ao que se acabou de ler, ao que foi tocado e por ele transformado. Buscamos um entendimento de algo que o corpo já o sabe, tentamos iluminar o sentido pelo viés do imaginário, ao mesmo tempo familiar e desconhecido.

Para Proust (2011, p.39), a leitura é um ato psicológico original, cuja força "é para nós a iniciadora cujas chaves mágicas abrem no fundo de nós mesmos a porta das moradas onde não saberíamos penetrar". Pela leitura teríamos acesso direto a uma pluralidade de relações humanas e sociais, ao que fica e ao que passa de nossas experiências. Pela inteireza da linguagem literária, "o que hoje descobrem as ciências humanas, seja qual for a ordem, sociológica, psicológica, psiquiátrica etc., a literatura sempre soube; a única diferença é que ela não o disse, escreveu." (BARTHES, 2004b, p.12). A leitura seria o gesto corpóreo desse desejo de desconhecido, de multiplicidade. O protagonismo do leitor está nesta performance da leitura durante as Rodas, cujo próprio trabalho de elaboração com a voz, com o pensamento, o corpo em si, tece o entendimento ou a tentativa de entenderem.

Portanto, a leitura se distancia da distração, cujo alheamento difere daquele trabalho complexo de sentidos. Pois o leitor não é apenas um consumidor de palavras, a cada página lida, mas também seu produtor, ou poderia sê-lo, artesão de um texto-leitura que representasse o seu trabalho de linguagem coparticipativo na trajetória da leitura. Pois "ler não é, portanto, obter comunicação da obra, é "fazer" com que a obra se comunique [...]" (BLANCHOT, 2011, p. 216). Dar forma ao informe, compreender o movimento de mudança que é o ritmo da vida.

Referências

BARTHES, Roland. **O grão da voz.** Trad. Mario Laranjeira. São Paulo: Martins Fontes, 2004a.

BARTHES, Roland. **O rumor da língua.** Trad. Mario Laranjeira. 2. ed. São Paulo: Martins Fontes, 2004b.

BLANCHOT, Maurice. A obra e a comunicação. In: ______. **O espaço literário.** Trad. Álvaro Cabral. Rio de Janeiro: Rocco, 2011.

CALVINO, Italo. **Mundo escrito e mundo não escrito.** Trad. Maurício Santana Dias. 1. ed. São Paulo: Companhia das Letras, 2015.

CALVINO, Italo. **Por que ler os clássicos.** Trad. Nilson Moulin. São Paulo: Companhia das Letras, 2007.

CALVINO, Italo. **Um general na biblioteca.** Trad. Rosa Freire d'Aguiar. São Paulo: Companhia das Letras, 2001.

CANDIDO, Antonio. **Vários escritos.** 4. ed. São Paulo, SP; Rio de Janeiro: Duas Cidades: Ouro sobre Azul, 2004.

COMPAGNON, Antoine. **Literatura para quê?** Trad. Laura Taddei Brandini. Belo Horizonte: Editora UFMG, 2009.

ECO, Umberto. **Interpretação e superinterpretação.** Trad. MF. 2. ed. São Paulo: Martins Fontes, 2005.

ECO, Umberto. **Não contem com o fim do livro.** Trad. André Telles. Rio de Janeiro: Record, 2010a.

ECO, Umberto. **Obra aberta:** forma e indeterminação nas poéticas contemporâneas. Trad. Giovanni Cutolo. 9. ed. São Paulo, SP: Perspectiva, 2003a [1962].

ECO, Umberto. ***Sobre a literatura.*** Rio de Janeiro: Record, 2003b. .

INSTITUTO PRÓ-LIVRO. Disponível em: http//www.prolivro.org.br

ISER, Wolfgang. **O ato da leitura:** uma teoria do efeito estético. 2v. Trad. Johannes Kretschemer. São Paulo: Ed. 34, 1996.

JAUSS, Hans Robert et al. **A literatura e o leitor:** textos de estética da recepção. Trad. Luiz Costa Lima. 2. ed. Rio de Janeiro, RJ: Paz e Terra, 2002, c1979.

MATURANA R., Humberto. **Emoções e linguagem na educação e na política.** Trad. José Fernando Campos Fortes. Belo Horizonte: Ed. UFMG, 1998.

PROUST, Marcel. **Sobre a leitura.** Trad. Carlos Vogt. 5. ed. Campinas: Pontes Editores, 2011.

TODOROV, T. **A literatura em perigo.** Trad. Caio Meira. 3. ed. Rio de Janeiro, DIFEL, 2010.

ZUMTHOR, Paul. **Escritura e nomadismo.** Trad. Jerusa Pires Ferreira, Sonia Queiroz. Cotia, SP: Ateliê Editorial, 2005.

ZUMTHOR, Paul. **Performance, recepção, leitura.** Trad. Jerusa Pires Ferreira, Suely Fenerich. São Paulo: EDUC, 2000.

- CAPÍTULO DOIS -

MEDIAÇÃO DE LEITURA LITERÁRIA EM BIBLIOTECAS: ENTRE A VELOCIDADE DA SOCIEDADE DA INFORMAÇÃO E O TEMPO PARA FRUIÇÃO E TROCA DE SABERES

Regina Garcia Brito

O verbo ler não suporta o imperativo. É uma aversão que compartilha com outros: o verbo "amar"... o verbo "sonhar"...
Bem, é sempre possível tentar, é claro. Vamos lá: "Me ame!" "Sonhe!" "Leia!" "Leia logo, que diabo, eu estou mandando você ler!"
- Vá para o seu quarto e leia"
Resultado?
Nulo.
(Daniel Pennac)

Jamais o hábito da leitura, porque o hábito pertence ao mundo dos deveres, dos automatismos: cortar as unhas, escovar os dentes, rezar de noite. Não hábito, mas leitura amorosa. Na leitura amorosa entramos em mundos desconhecidos e isso nos faz mais ricos interiormente. Quem aprendeu a amar os livros tem a chave do conhecimento.

(Rubem Alves)

Introdução

Cecília Meireles, em 1949, em conferência para educadores, afirmou que a formação de Bibliotecas Infantis era uma necessidade da época, já que não existiam "mais amas nem avós que se interessem pela doce profissão de contar histórias" (MEIRELES, 1979, p. 111). Essas bibliotecas permitiriam às crianças terem contato com uma grande variedade de obras, dado que a diversidade é fundamental para que cada leitor tenha a liberdade de escolher os textos com os quais mais se identifica.

Ao longo dos últimos setenta anos, mudanças importantes aconteceram referentes à nossa relação com a informação e com a leitura devido, principalmente, ao desenvolvimento das Tecnologias de Informação e Comunicação (TIC). Vivemos na Sociedade da Informação (SI), em meio a uma avalanche de informações, que chegam de forma instantânea, sem que haja tempo para assimilá-las. Além disso, precisamos cultivar conhecimentos "úteis"[2], ou seja, sermos competentes em áreas que possam ser aplicadas ao mundo do trabalho.

Diante das transformações de nossa era, caberia ainda às bibliotecas o papel de contar histórias e mediar leituras? Se sim, bastariam as portas das bibliotecas abertas para que o público se interessasse pela leitura literária?

Na contramão da velocidade a nós imposta, Bosi afirma, em ***Considerações sobre tempo e informação***, que a satisfação dos nossos desejos mais profundos se faz em um clima alheio ao tempo do relógio. A relação com a literatura, considerada um direito humano inalienável (CANDIDO, 2004), necessita de tempo para fruição. Não basta, portanto, disponibilizar os livros, é preciso mediar a leitura, não só com o intuito de alfabetização ou como forma de adquirir os tais conhecimentos "úteis" e sim, principalmente, como possibilidade de convertê-la em experiência.

---

[2] Conhecimento útil, segundo Russell (2002, p. 38), é aquele que se pode aplicar a algum setor da vida econômica da coletividade

Essa mediação deve ser planejada de forma criteriosa, à luz de conhecimentos específicos, dado que não se constitui como simples transmissão ou mera permissão de acesso aos bens culturais, impõe a necessidade de criar vínculos simbólicos e criar dispositivos informacionais pensados para tal fim. A investigação e o investimento nessa área tornam-se essenciais à prática bibliotecária, dada a complexidade da realidade brasileira contemporânea.

Sociedade da Informação: entre a velocidade e o tempo para a significação

O termo "Sociedade da Informação" reapareceu com força nos anos 1990[3], no contexto de desenvolvimento da Internet e das TIC, e trouxe a defesa de uma globalização neoliberal, cuja meta foi acelerar a instauração de um mercado mundial aberto e autorregulado. Das pessoas exigiu-se ser "competentes em informação" para adequar-se à SI e, em consonância com essas exigências, na área de Ciência da Informação, fala-se em *Information Literacy* (IL), tendo como uma de suas traduções o termo "competência em informação".

No entanto, como crítica a esse modelo que objetiva nos moldar à SI, estudiosos como Shapiro e Hughes (1996) defendem que a IL não pode ser vista como uma "arte mecânica", direcionada a formar pessoas competentes somente para o mercado de trabalho, mas sim uma "arte liberal", que trata a informação não somente de forma instrumental e sim com o objetivo de estimular o pensamento crítico, levando em consideração contextos sociais e culturais. Dessa forma, Shapiro e Hughes (1996) ampliam o conceito de IL, o qual deveria ir além das habilidades para acessar e empregar adequadamente a informação. A IL deveria ser uma ferramenta para a construção de uma sociedade livre e democrática. Para

---

[3] O termo "Sociedade da Informação", bem antes de ganhar destaque em 2003 e 2005 na Cúpula Mundial, foi introduzido por Daniel Bell, em 1973, em livro sobre o advento da sociedade pós-industrial. O termo reaparece nos anos 90, no contexto de desenvolvimento da Internet e das TIC (BURCH, 2005).

tanto, não basta saber usar a informação, é preciso compreendê-la dentro de seu contexto histórico e social.

Surgem também debates, que não são apenas terminológicos, acerca da denominação ***Sociedade da Informação***, dado que os termos carregam consigo uma bagagem ideológica e a visão de um projeto de sociedade (BURCH, 2005). Ao traçar a genealogia do paradigma informacional, o qual serve como matriz ao tema da SI, Breton (2001) descreve que a Sociedade Industrial (hierárquica, burocratizada e violenta) se transformaria em Sociedade da Informação (igualitária, democrática e próspera). Esse discurso, entretanto, de que caminhamos rumo a uma sociedade mais democrática não se consolida, ao contrário, parece ter criado uma cisão entre dois mundos: o dos eleitos e o dos excluídos, como descreve o próprio Breton (2001).

Alternativa à visão de SI, tão aclamada em discursos políticos e midiáticos, é, por exemplo, o uso das expressões Sociedade do Conhecimento ou "do saber", sugeridas pela UNESCO, com o intuito de incluir uma dimensão de transformação social, cultural, econômica, política e institucional, ou seja, expressar a importância de fortalecer todos os setores da sociedade e não só o crescimento econômico (BURCH, 2005).

Outra formulação possível trata da necessidade de usar sociedade**s** no plural, reconhecendo a heterogeneidade das sociedades humanas. Como defende Burch (2005), é preciso refutar terminologias que reforcem uma concepção tecnocêntrica da sociedade. Qualquer definição que use o termo sociedade não pode ser restrita à Internet ou às TIC.

Não há como negar, entretanto, que as TIC facilitam o acesso aos dados, aos documentos, criando situações de comunicação, mas isso não significa necessariamente produzir troca de saberes e conhecimento, que requer processos particulares, não somente tecnológicos. São importantes os papéis de professores, das escolas e das mediações culturais.

Dominar os recursos tecnológicos de informação não é suficiente para se inserir na SI. É preciso atribuir significados às informações para passarmos da Sociedade da Informação à Sociedade do Conhecimento. Os indivíduos precisam de condições para serem autônomos, terem a capacidade de construir significados para suas próprias vidas e poderem participar de forma mais consciente e reflexiva da vida pública.

A grande velocidade de acesso à Internet, por exemplo, não é proporcional à nossa capacidade de recepção e apropriação das informações. Como defende Alfredo Bosi, no texto já mencionado sobre o tempo e a informação, mais do que ter acesso a todas as informações disponibilizadas, é preciso saber perguntar, "quem não sabe perguntar, quem não sabe O QUE perguntar, o que fará com a torrente de informações potenciais que as redes eletrônicas lhe podem oferecer?" (BOSI). Existe um estado mental que gera as boas perguntas, que precisam vir antes de consultar os arquivos.

Com o bombardeio de informações, não há tempo para processá-las e significá-las. As formas digitais de produção e reprodução de informação agravaram o quadro de ***descontextualização*** do conhecimento, em que os sujeitos não são capazes de dar sentido à massa informacional. Faz-se necessário, portanto, pensar em ***dispositivos informacionais***, em que haja mediações culturais e tempo para o compartilhamento de conhecimentos e para a "ruminação" intelectual (PIERUCCINI, 2004, p. 46).

Leitura como experiência e o papel da mediação

Desde o célebre texto de Antonio Candido (2004), que coloca a literatura lado a lado a outros direitos humanos, pensa-se em sua função psicológica. O autor trata da literatura em sentido amplo, como uma manifestação universal, podendo assumir formas mais simples como anedotas, adivinhas ou trocadilhos; formas mais complexas como narrativas populares, contos folclóricos, lendas, mitos; em formato escrito como poemas, contos, romances, até outras modalidades ligadas à comunicação pela imagem como cinema, história em quadrinhos e telenovelas.

O crítico mostra que a função psicológica está relacionada a uma necessidade universal de ficção e fantasia. A literatura seria uma das modalidades mais ricas e pode atuar em camadas profundas de nossa personalidade. Sua função educativa, entretanto, é muito complexa. "A literatura pode ***formar***, mas não segundo a pedagogia oficial" (CANDIDO, 2012, p. 84). Em resumo, a literatura tem a função de satisfazer a necessidade humana de fantasia e também pode contribuir para a formação da personalidade tanto quanto a escola e a família. Mas para isso é preciso que a leitura literária se converta em experiência. Cientes desse potencial humanizador, educadores e moralistas, muitas vezes, tentam acomodá-la na bitola ideológica dos catecismos ou expulsá-la com a justificativa de serem fonte de perversão e subversão. No entanto, é preciso lembrar que "ela não ***corrompe*** nem ***edifica***, portanto; mas, trazendo livremente em si o que chamamos o bem e o que chamamos o mal, humaniza em sentido profundo, porque faz viver" (CANDIDO, 2012, p. 85).

Larrosa (2011), em seu texto sobre experiência e alteridade em educação, mostra como a literatura tem o potencial de experiência, podendo ajudar-nos a dizer o que ainda não sabíamos, formar ou transformar nossa linguagem. O autor diferencia experiência de experimento. Este é planejado, segue uma metodologia, um caminho seguro dentro de um modelo prescritivo. Já a experiência é única, singular e difere de pessoa para pessoa e, a cada nova leitura, uma nova experiência pode se estabelecer, ou seja, além do "princípio da singularidade", a relação com a literatura segue o "princípio da irrepetibilidade".

Walter Benjamim (1993) trata da abundância de estímulos e como isso traz pobreza de experiências a toda a humanidade. A informação tem sido transformada em mercadoria, algo útil e exterior a nós. Entre as dificuldades da experiência temos o excesso de informação – há uma obsessão por estarmos sempre informados; o excesso de opinião – precisamos converter a informação instantaneamente em uma suposta opinião crítica e a falta de tempo – há uma obsessão pela novidade, que será substituída rapidamente por outra novidade, impedindo que se façam conexões significativas (LARROSA, 2011).

Como experiência, a relação que se estabelece com a literatura não pode ser controlada como um experimento. A mesma atividade de leitura pode ser uma experiência para algumas pessoas e não para outras. Petit (2008) cita exemplos de leituras significativas para jovens e defende que não se estabeleçam listas definitivas de obras mais ou menos adequadas. Daí a importância da diversidade do acervo:

> quem poderia imaginar que Descartes seria a leitura preferida de uma jovem turca preocupada em escapar de um casamento arranjado, que a biografia de uma atriz surda permitiria a um jovem homossexual assumir sua própria diferença, ou que os sonetos de Shakespeare inspirariam um jovem laosiano, operário de construção, a escrever canções? (PETIT, 2008, p. 184)

Na biblioteca, pode-se buscar o ler por prazer, a leitura sem obrigações de certo e errado, sem julgamentos, pois cada um pode encontrar na leitura algo vinculado a suas próprias questões. Muitas vezes há "apropriações singulares, às vezes até mesmo desviando-se dos textos lidos" (PETIT, 2009, p. 23). É preciso dar o direito à escolha, mas a mediação é um item fundamental para que sejam criados leitores autônomos e conscientes de suas opções. O bibliotecário, como mediador de leitura, precisa acompanhar essa trajetória, ajudando o leitor a ultrapassar umbrais, por exemplo, da seção infantil para a juvenil e desta para a adulta (PETIT, 2008). Para isso é preciso exercer uma escuta atenta e refletir sobre a questão do pertencimento, principalmente em contextos em que há discrepância entre a cultura de origem e as obras tidas como de excelência cultural pelas elites. O esforço de mediação aparece como a resposta necessária para a construção da relação entre uma cultura e outra, pois a apropriação cultural não ocorre naturalmente

A escuta do mediador precisa ser alimentada por teorias, como defende Bajour (2012, p. 40), para reconhecer, apreciar e potencializar as falas dos leitores. Os mediadores precisam de saberes teóricos específicos, não com o intuito de encontrar as respostas "corretas", e sim para valorizar o contato entre texto e leitores. Essa escuta não se aprende instantaneamente, demanda tempo e compromisso.

Patte (2012) afirma que a leitura não pode prescindir da intimidade e da confiança. A autora insiste no refrão ***Small is beautiful***, porque "a leitura não é assunto de massas e multidão, porque ela é mais bem vivida na intimidade e na confiança da relação em pequenos grupos informais ou face a face" (PATTE, 2012, p. 47).

A biblioteca deve privilegiar os pequenos grupos informais, dispor de tempo para se entreter e se emocionar com a leitura. O mediador pode fornecer a oportunidade de encontrar obras de qualidade e relacionar leitor e texto, leitor e outros leitores porque as conversas sobre as leituras enriquecem e desencadeiam novos significados, os quais poderiam não surgir na leitura solitária.

É necessário lembrar que a obra literária é uma construção artística. O importante não é somente o que o texto diz e sim *como* diz, *como* foi construído. As palavras são articuladas e esse é o seu primeiro nível humanizador. Código e mensagem não se separam (CANDIDO, 2004, p. 177).

A escolha das obras para mediação, portanto, não pode ser aleatória e irresponsável, pois para despertar o interesse do interlocutor, primeiro o texto deve ter tocado o próprio mediador. A escuta inicia-se na seleção dos textos, ao pensar em sua diversidade, profundidade e desafio para a compreensão (PATTE, 2012; BAJOUR, 2012). Ao oferecer um livro a um leitor, oferecemos um "quadro de valores, de representações, de conteúdos culturais que historicamente se agregaram ao objeto livro" (PIERUCCINI, 2004, p. 30).

Mediação cultural e dispositivos informacionais

Os trabalhos no campo da Infoeducação[4] distinguem três modelos de biblioteca: conservação (***templum***), difusão (***emporium***) e de mediação cultural (***forum***). No primeiro grupo estão instituições, nascidas na Antiguidade e na Idade Média, cuja finalidade é preservar a memória coletiva. O que se pode questionar, entretanto, é que nesse paradigma, considera-se como cultura apenas a cultura das elites. Posteriormente, com o Iluminismo, surge o ideal de difusão cultural e são criadas bibliotecas públicas com o intuito de possibilitar a todos o acesso a informações que até aquele momento haviam sido negadas a muitos segmentos da população. No entanto, dentro dos ideais difusionistas, há a busca pela integração social via assimilação cultural, não havendo possibilidade de questionar os paradigmas apresentados, ou seja, uma recepção passiva das informações transmitidas.

Diferente do difusionista, o paradigma de mediação cultural trata da apropriação cultural, que, apesar de estar vinculada a uma dimensão material e objetiva, não se restringe a ela, envolve também processos imateriais e subjetivos. Apropriar-se seria ação afirmativa, invenção e criação e não uma simples recepção mecânica e automática de sinais ou de mensagens (PERROTTI; PIERUCCINI, 2007).

Para tal apropriação, é fundamental a presença do mediador. Perrotti e Pieruccini (2014) afirmam que o mediador se apresenta como um terceiro lugar essencial nos processos de comunicação. O sistema de mediações atuaria nos processos de construção de sentidos e, portanto, é preciso pensar na especialização e profissionalização da mediação cultural. A mediação cultural "enquanto prática profissional especializada requer procedimentos complexos e específicos, face às dificuldades próprias da

---

[4] O termo Infoeducação foi definido por Edmir Perrotti a fim de caracterizar um conjunto de pesquisas sob sua coordenação, na Escola de Comunicações e Artes (ECA) da Universidade de São Paulo (USP). O campo de atuação da Infoeducação seria de natureza tanto teórica como prática e um dos seus objetos é o estudo das relações cada vez mais complexas entre os campos da Informação e da Educação.

cultura no mundo contemporâneo" (PIERUCCINI, 2004, p. 185). Os mediadores, mais que intermediários, são atores de transformação cultural.

A mediação cultural refere-se a um conjunto de elementos de diferentes ordens (material, relacional, semiológica) que se interpõem e atuam nos processos de significação. A mediação cultural leva a considerar os elementos que constituem seus processos não como simples ferramentas, mas como signos, portadores de sentidos. No contexto da mediação cultural, busca-se o protagonismo cultural, o qual pode ser definido como:

> fenômeno de participação ativa e afirmativa na vida cultural, na condição de produtor e criador de significados e sentidos, seja individualmente ou enquanto membro de um grupo ou uma coletividade. (PERROTTI; PIERUCCINI, 2007, p. 56)

Como protagonistas, os sujeitos passam a ter papel central e, em suas relações com o conhecimento e a cultura, criam e se recriam, são sujeitos e objetos dos processos em que se acham inseridos, não são meros usuários ou consumidores culturais. O protagonista, ao ter uma relação dinâmica com o mundo, cria sentidos não somente para si, mas para o mundo e também exerce o direito cidadão de significar (PERROTTI, 2017).

Para que se efetive a apropriação cultural é preciso criar ***dispositivos culturais*** adequados a essa proposta, em que os sujeitos sejam vistos como criadores culturais. É necessário passar dos paradigmas de conservação e de difusão, para o da apropriação cultural. As configurações dos dispositivos e as mediações devem favorecer interações e relações.

O conceito de ***dispositivo*** traz uma dimensão material e uma dimensão simbólica. Um ***dispositivo*** informacional, como uma biblioteca, por exemplo, não é neutro. A sua organização, suas linguagens e interações podem atuar nos processos de apropriação da informação. Os ***dispositivos*** "não apenas expressam como também ***definem***, por meio dos discursos implícitos em sua configuração, modos de relação entre os sujeitos e o universo simbólico [...] que guardam" (PIERUCCINI, 2004, p, 36). Ter conhecimento não significa apenas ter domínio de conteúdos, é preciso apropriar-se dos ***dispositivos***, de seus saberes e lógicas próprias.

Pieruccini (2004), em sua tese de doutorado, defende a criação de ***dispositivos***, ancorados na perspectiva da apropriação de informações e não somente assimilação. Nessa formulação é preciso pensar no espaço físico, na organização dos documentos, nos recursos informacionais disponibilizados, nas formas de atendimento, usos e práticas culturais da instituição. A intenção é passar de uma ordem monológica (com caráter fechado e ininteligível a muitos) a uma ordem dialógica (com natureza modulável, aberta e flexível).

Considerações finais

Pensar o lugar da Biblioteca e da mediação da leitura literária na Sociedade da Informação, num contexto de ampla hegemonia das novas Tecnologias de Informação e Comunicação, se apresenta como um desafio para os pesquisadores e profissionais da área.

Além do desenvolvimento das competências necessárias para inserir-se nessa sociedade, que preza pela velocidade e respostas rápidas, é necessário manter espaços como o de bibliotecas públicas, infantis e escolares, que se afirmem como espaços de convivência e diálogo. A tecnologia deve estar presente, mas o essencial é a mediação humana. Trata-se da valorização da leitura literária como direito humano e propulsora de experiências e da mediação como essencial para a troca dos saberes.

Existe no Brasil um hiato entre Informação e Educação, agravado com a explosão informacional, e as bibliotecas precisam ir além da distribuição de bens culturais. Como espaços privilegiados para a mediação cultural, as bibliotecas podem possibilitar relações vivas e dinâmicas aos sujeitos não só com o conhecimento registrado, mas também com o conhecimento gerado através das relações interpessoais, permitindo-lhes aprendizagens especiais e específicas para lidar com as informações e apropriar-se delas.

Objetos culturais como os livros são signos, discursos e, ao mesmo tempo, são realidades concretas e objetivas. É preciso ter a posse material do objeto, mas são essenciais saberes específicos para sua apropriação simbólica. Por isso é fundamental a presença do mediador para articular textos e leitores, mediadores que não sejam só intermediários, mas agentes de transformação cultural.

O simples acesso à informação não pode se confundir com a apropriação cultural. A distribuição de livros, por exemplo, sem as mediações necessárias, não trará os efeitos esperados, pois faltam aos sujeitos os saberes e experiências indispensáveis à sua apropriação, saberes que só virão se houver a articulação entre os leitores, os textos e os mediadores qualificados para isso.

Referências

ALVES, R. Formação do educador. **Revista Educação**, São Paulo, 10 set. 2011. Disponível em: http://www.revistaeducacao.com.br/formacao-do-educador-coluna-rubem-alves/. Acesso em: 07 out. 2018.

BAJOUR, C. **Ouvir nas entrelinhas**: o valor da escuta nas práticas de leitura. São Paulo: Pulo do Gato, 2012.

BENJAMIN, W. Experiência e pobreza. In: _______. **Magia e técnica, arte e política**. São Paulo: Brasiliense, 1993. p. 114-119.

BOSI, A. **Considerações sobre tempo e informação**. Disponível em: http://www.iea.usp.br/publicacoes/textos/bosiinternet.pdf/at_download/file. Acesso em: 19 abr. 2019.

BURCH, S. **Sociedade da informação / Sociedade do conhecimento**. Disponível em: http://www.dcc.ufrj.br/~jonathan/compsoc/Sally%20Burch.pdf. Acesso em: 25 mar. 2019.

BRETON, P. Généalogie du paradigme informationnel. **Sciences Sociales**, n.28, p.129-137, 2001. Disponível em: http://www.revue-des-sciences-sociales.com/pdf/rss28-breton.pdf. Acesso em: 17 mar. 2019

CANDIDO, A. A literatura e a formação do homem. **Remate de Males**, Campinas: SP, p. 81-90, dez. 2012. Disponível em: https://periodicos.sbu.unicamp.br/ojs/index.php/remate/article/view/8635992/3701. Acesso em: 16 jul. 2019.

CANDIDO, A. O direito à literatura. In:________. **Vários escritos.** 5. ed. Rio de Janeiro: Ouro sobre Azul, 2004. p. 169-191.

LARROSA, J. Experiência e alteridade em educação. **Reflexão e Ação**, Santa Cruz do Sul, v. 19, n. 2, p. 04-27, dez. 2011. Disponível em: https://online.unisc.br/seer/index.php/reflex/article/view/2444. Acesso em: 16 jul. 2019.

MEIRELES, C. **Problemas de literatura infantil**. São Paulo: Summus, 1979.

PATTE, G. **Deixem que leiam**. Rio de Janeiro: Rocco, 2012.

PENNAC, D. **Como um romance.** Rio de Janeiro: Rocco, 1993.

PERROTTI, E. Sobre informação e protagonismo cultural. In: GOMES, H. F; NOVO, H. F. (Orgs.). **Informação e protagonismo social**. Salvador: EDUFBA, 2017, p. 8-26.

PERROTTI, E; PIERUCCINI, I. A mediação cultural como categoria autônoma. **Informação & Informação**, Londrina, v. 19, n. 2, p. 01-22, out. 2014. Disponível em: http://www.uel.br/revistas/uel/index.php/informacao/article/view/19992. Acesso em: 15 nov. 2017.

PERROTTI, E; PIERUCCINI, I. Infoeducação: saberes e fazeres da contemporaneidade. In: LARA, M. L. G.; FUJINO, A.; NORONHA, D. P. (Orgs.). **Informação e contemporaneidade**: perspectivas. Recife: Néctar, 2007, p. 46-95.

PETIT, M. **A arte de ler ou como resistir à adversidade**. São Paulo: Ed. 34, 2009.

PETIT, M. **Os jovens e a leitura**: uma nova perspectiva. São Paulo: Ed. 34, 2008.

PIERUCCINI, I. **A ordem informacional dialógica**: estudo sobre a busca de informação em Educação. 2004. 232 f. Tese (Doutorado em Ciência da Informação) – Escola de Comunicações e Artes. Universidade de São Paulo, São Paulo, 2004.

RUSSELL, B. O conhecimento inútil. In: ______________. **O elogio ao ócio**. Rio de Janeiro: Sextante, 2002. p. 36-46

SHAPIRO, J. J.; HUGHES, S. K. Information Literacy as a liberal art: Enlightenment proposals for a new curriculum. **Educom Review**, v. 31, n. 2, mar-abr. 1996. Disponível em: https://teaching.uncc.edu/sites/teaching.uncc.edu/files/media/article-books/InformationLiteracy.pdf. Acesso em: 19 maio 2019.

- CAPÍTULO TRÊS –

INICIATIVAS ESPONTÂNEAS DE ACESSO AO LIVRO

Lorisa Herminia Pinolevi De Souza Dias
Maria Cristina Palhares

Apresentação

As chamadas iniciativas espontâneas de acesso ao livro surpreendem porque são projetos idealizados, implantados e geridos por pessoas da sociedade civil, que não têm formação em Biblioteconomia, mas que se engajam de forma preocupada na promoção do acesso ao livro e do incentivo à leitura.

Essas iniciativas, de caráter espontâneo, visam facilitar o acesso ao livro de forma livre, sem burocracia, sem multa, sem constrangimentos, não apenas em resposta ao modelo tradicional de biblioteca, mas também para suprir a falta delas, um modelo a ser enxergado com respeito e entusiasmo. O conhecimento sobre a existência dessas inciativas serviu de inspiração e motivação, que levaram a conversas com as pessoas envolvidas nesses projetos, possibilitando o conhecimento sobre todos os aspectos e implicações no desenvolvimento de um trabalho autônomo, que enxerga o outro ser humano.

As iniciativas espontâneas alcançam as pessoas de forma natural, porque as convidam e promovem o encontro de forma inesperada. Espera-se que a contribuição desses projetos torne-se um modelo para inspirar profissionais do livro, entusiastas, e todos que acreditam que é possível contribuir com a formação de leitores a partir da promoção do livro e da leitura, em forma de mediação da leitura em múltiplos espaços por onde o ser humano habita ou esteja de passagem.

Iniciativas espontâneas de acesso ao livro

A compreensão pela escolha do termo ***iniciativas espontâneas*** aponta para o destaque, primeiramente, sobre o significado da palavra ***iniciativa***, que Houaiss (2009, p. 1085) defini como: a "ação daquele que é o primeiro a propor e/ou a realizar qualquer coisa", considerando àquele que toma uma iniciativa com o objetivo de realizar algo, ou ainda, "disposição natural; ânimo pronto e enérgico para conceber e executar antes que outros". É neste sentido, que são apresentadas, neste trabalho, as iniciativas espontâneas, que correspondem a uma ação desempenhada por pessoas comuns, que com recursos próprios disponibilizam livros de forma gratuita em espaços alternativos, como: ruas, parques, açougues e ônibus.

Existe um certo descompasso no que se refere ao sentido nominal dessas ações, há pouco material que possa definir essa questão com maior objetividade. Até porque cada iniciativa emerge de uma poética pessoal, podendo ou não ser política, tomando ou não outros desdobramentos durante o seu percurso.

Para Gesteira (2006, p. 95), essas iniciativas são similares às ***redes humanas***, o que para a autora pode ser caracterizado como: "sistemas organizacionais capazes de reunir indivíduos e instituições, de forma democrática e participativa, em torno de objetivos e/ou temas comuns". Isto é, os ***espaços alternativos de leitura*** são ambientes informais, criados por meio de iniciativa popular, nos quais é possível ter acesso ao livro de forma mais simples, menos burocrática, o que acaba se contrapondo ao espaço convencional de leitura, como as bibliotecas públicas e escolares, por exemplo.

Nos *espaços alternativos de leitura* os serviços podem até se assemelhar ao de uma biblioteca pública, por esta ser a inspiração, porém o espaço é gerido por "voluntários, animadores culturais ou mediadores da leitura que se dedicam a desenvolver um trabalho comunitário na área da promoção da leitura", conforme explica Gesteira (2006, p. 100).

Nesse sentido, o conceito de biblioteca comunitária poderia suprir a ausência de designação do termo para estas iniciativas, pois tratam-se de: "Projetos vinculados a um grupo particular de pessoas, sem vínculo direto com o Estado, que têm como objetivo atender esse mesmo grupo", que possui em comum os mesmos problemas, interesses e cultura, não importa se esse grupo é composto por especialistas em algo, se são migrantes ou moradores de uma comunidade em vulnerabilidade social. "Estas pessoas juntas constituem-se como agentes coletivos, que por meio de práticas sociais interferem numa realidade agindo de maneira transformadora", de acordo com Machado, E. (2009, p. 91).

Entretanto, Almeida Júnior (1997, p. 97) enfatiza que a biblioteca comunitária, assim como a biblioteca pública tradicional, atua com uma comunidade restrita, "limitada por uma determinada área geográfica." Ou seja, é possível afirmar que os ***espaços alternativos de leitura*** surgem em resposta à necessidade de informação da população, que carece de bibliotecas públicas próximas à residência, escola ou trabalho.

Com relação ao exposto às iniciativas espontâneas, citadas adiante, aproximam-se dos conceitos levantados por Gesteira (2006), embora haja muito a ser discutido antes de existir uma designação ou enquadramento do termo, até porque tratam-se de ações que se iniciaram de forma colaborativa, solidária, por pessoas, que de alguma forma quiseram proporcionar aos outros o mesmo encontro que tiveram com o livro e a leitura, de forma simples, espontânea.

A autora ainda endossa que, a "flexibilidade do acesso livre às estantes aproxima o leitor do livro, torna a procura pela ação sem preconceitos, sem constrangimentos." Em certa medida, "as políticas ignoram o aspecto plural da cultura, elegendo uma modalidade como "sacra", e, ao invés de atrair novos públicos, acaba por afastá-los", pois caracteriza a não "identificação dos interesses, não há como propor serviços nem atender às procuras dos leitores e possíveis leitores", e as tentativas de "democratização" aos instrumentos de cultura "perdem sua força." (GESTEIRA, 2006, p. 137).

As experiências de projetos independentes de acesso ao livro, que em formato de ***redes*** são procurados por leitores movidos pelo desejo espontâneo da leitura, seus hábitos e suas preferências, levam a diversas reflexões acerca do assunto, como, por exemplo, Lajolo (1994, p. 7) pondera, que: "ninguém nasce sabendo ler: aprende-se a ler à medida que se vive." A leitura é aprendida na escola e fora dela. Só saberá sobre a seca, quem a viveu e é retirante em busca de sobrevivência, tendo estado lá no sertão ou tendo lido a obra Vidas Secas, de Graciliano Ramos. Entretanto, é a experiência vivida por meio da leitura que informará ao leitor que existem outros "mundos" diferentes.

Apropriar-se da leitura é como encontrar algo no contexto universal, tomar para sim e depois devolve-lo para que os outros o tomem também, como aponta Araújo (2006, p. 88): "as coisas do mundo estão no mundo para que nos apropriemos delas, nos apropriemos no sentido socialista do termo: apropriar-se para distribuir." Sendo assim, as iniciativas espontâneas de acesso ao livro visam demonstrar o quanto é essencial apropriar-se da leitura, encantar-se com a literatura; promover encontros, entre as pessoas e os livros, espalhando-os pelo bairro, no banco da praça, na parada de ônibus, nas ruas e esquinas. É como comunicar a todos que eles podem levar não apenas o objeto livro, mas dizer que podem entranhar em suas páginas e viverem outros contextos diferentes, realizar trocas e interagir com outros leitores e outras visões apreendidas no campo literário.

Dessa forma, verificou-se que os projetos a seguir: ***Bibliotecas do Brasil – Minibiblioteca do sossego – Magnolia Cartonera; A menina*** *que doa livros; Esqueça um livro; Projeto Refresque ideias – Geladeira do Livro; Açougue cultural T-Bone – Luiz Amorim; Bicicloteca – Robson Cesar Correia de Mendonça* e *Cultura no ônibus – Antônio do livro*, podem ser considerados iniciativas espontâneas de acesso ao livro e à leitura, com relevante destaque por se tratar de idealizadores autônomos e não-bibliotecários, mas engajados no ideal humanista de que todos devem ter acesso a esses bens literários, informacionais e culturais.

Bibliotecas do Brasil – Minibiblioteca do sossego – Magnolia Cartonera

O projeto Bibliotecas do Brasil foi criado em 2012, idealizado por Daniele Carneiro e Juliano Rocha, artistas e autores independentes, inicialmente sendo um blog que divulga gratuitamente iniciativas independentes de partilha de livros e bibliotecas comunitárias, ampliando o potencial de atuação das bibliotecas e valorização das pessoas que se conectam de forma autêntica e criativa com a sua comunidade leitora. O público alvo do blog não é o leitor final, e sim as pessoas interessadas em serem facilitadoras do acesso à leitura e disseminação da filosofia dos livros livres. A busca consite em conscientizar a população do quanto a leitura é importante em nossas vidas e que qualquer indivíduo pode ser um disseminador da leitura na própria comunidade sem depender de iniciativas governamentais.

O blog tem servido de inspiração e fonte de recursos gratuitos desenvolvidos e disponibilizados para o aperfeiçoamento de diversas bibliotecas e iniciativas de incentivo à leitura, como da divulgação de projetos e iniciativas, grupo de partilha de livros e textos indispensáveis na área dos direitos humanos.

Entre as diversas iniciativas do projeto, a de maior destaque é a *Leia, Empreste ou Devolva*, criada em 2013, que dá um apoio técnico para facilitar as iniciativas dos interessados em criar pequenas bibliotecas livres, disponibilizando gratuitamente recursos visuais prontos para impressão em cartazes, carimbos, adesivos ou qualquer outro material visual que a pessoa interessada possa utilizar em sua biblioteca comunitária. Esse material está disponível para download no blog Bibliotecas do Brasil, com um tutorial de auxílio para a criação de bibliotecas livres e orientações de funcionamento, entre outras informações.

Eles também colocaram em funcionamento as próprias bibliotecas livres. Em 2014, foi criada a Biblioteca Comunitária Sitio Vanessa, na área rural de Morretes – PR, além da realização de eventos literários semestrais para mais de 60 crianças das escolas rurais residentes da região, proporcionando a elas um maior contato e incentivo à leitura, doação de livros, preservação do meio ambiente e a prática saudável de esportes.

Em 2014, no Parque Gomm em Curitiba, foi instalada a Minibiblioteca do Sossego, que é livre e autossustentável, feita com uma caixa de madeira e telhado de PVC, reciclados e pintados. Foi a primeira biblioteca livre a ser instalada em um parque público de Curitiba, estando acessível 24h por dia e 7 dias por semana, se mantendo através de doações de livros por parte dos utilizadores da biblioteca, e seguindo a filosofia do Leia, Empreste ou Devolva.

Por meio do blog também pode se realizar a inscrição para receber newsletters semanais: no modelo Newsletter Inbox, que é mais extenso e completo ou o modelo Newsletter Expresso, que apresenta as informações de forma mais compacta e resumida, com conteúdo exclusivo sobre bibliotecas livres, ações de incentivo à cultura e o mundo cultural, tutoriais, links, vídeos e notícias, buscando sempre divulgar iniciativas e inspirar novos entusiastas para a causa.

Durante esse período de engajamento no desenvolvimento de bibliotecas comunitárias livres, sendo na restauração de bibliotecas, arrecadação de livros, desenvolvimento de recursos gráficos e partilha de ideias, foram criadas bibliotecas nos seguintes locais: em 1 restaurante, em 1 casa de massas, em 2 lojas de alimentos orgânicos, em 1 barbearia, em 1 loja de equipamentos para montanhismo, em 1 hotel, em 1 feira de alimentos orgânicos, em 1 praça, em 1 parque, em 5 cooperativas de reciclagem, em 1 agência dos Correios, em terminais de ônibus, e também as já citadas Biblioteca Comunitária Sítio Vanessa e Minibiblioteca do Sossego.

Após todos esses anos de envolvimento em projetos e material produzido, Daniela e Juliano resolveram criar uma editora independente, a Magnolia Cartoneira, visando publicar seus próprios livros de forma sustentável e acessível. Esses livros são feitos com capas de papelão reutilizados, costurados à mão e capas totalmente diferentes umas das outras, pois são pintadas individualmente pelo Juliano. Alguns dos títulos são: Ideias para Bibliotecas Livres: Um Manual Prático de Autogestão Independente (2015); Guia Prático para Bibliotecas Comunitárias (2016); Bibliotecas Mudam o Mundo (2016); e, Magnolia Zine (2017). O blog mantém um canal no YouTube mostrando todos os estágios de como os livros são feitos e conteúdo de informação sobre bibliotecas e novidades sobre o mundo da leitura.

A menina que doa livros

Essa iniciativa foi idealizada pela Giovanna Pampolin, que tinha apenas 9 anos na época, e em uma conversa com o pai disse que tinha uma estante cheia de livros, que já havia lido e queria doá-los. O pai sugeriu que os livros fossem levados para uma biblioteca pública, mas ela pediu que ele a levasse para doá-los na rua para quem fosse realmente ler, já que numa biblioteca os livros poderiam continuar parados nas estantes (SOUSA, 2016).

A biblioteca pessoal de Giovanna, conforme Alencar ([2016?]), tem livros de temas diversos, desde infantis como conto de fadas, clássicos infantis, aventuras e gibis, até temas adultos, como romance, suspense, poesia, crônicas, livros de fotografia, livros técnicos de comunicação, história e biologia. Giovanna tem um trato com o pai: ela sempre ganhará livros quando pedir, mas outros tipos de presentes, apenas em datas especiais.

Desde o início de 2015, os livros são doados a cada 15 dias aos domingos no Minhocão, dia em que o Elevado está fechado para lazer e Giovanna costuma passear com o Pai. Ela confecciona cartazes oferecendo os livros, com apenas uma condição: que os presenteados doem o livro após a leitura, para que ele não fique parado numa estante.

Quando os livros são levados a um local público, pessoas que não têm o hábito de ler podem ter um contato mais intimista com os livros e serem incentivadas a olhar mais de perto e, possivelmente, levá-los para casa.

De acordo com Nascimento (2015), o pai de Giovanna, Paulo Pampolin, relatou que: "Um dia uma senhora passou de bicicleta, parou, e nos falou: 'Me sensibilizei tanto com a história dessa menininha que vou até ler um livro. E faz mais de 20 anos que eu não leio um livro'. E depois disso, ela já voltou diversas vezes e levou outros livros. Então já valeu a pena a gente não ficar esperando.". Ele comemora a iniciativa da filha e afirma que: "A leitura é o acelerador para isso. Os livros são as armas que precisamos para nos desenvolver pessoalmente e também para desenvolver o país. Não existe caminho de desenvolvimento que não passe por uma profunda reforma da educação."

A maioria das pessoas que frequenta a "biblioteca pública", da Giovanna, é de adultos. De início, um pouco desconfiados, por serem livros novos e bem conservados. Entretanto, ao final levam um livro, prometendo continuar o ritual de doação para que a leitura se espalhe. O que tem dado certo, segundo o pai dela, muitas pessoas se sensibilizam com a iniciativa e trazem mais livros para serem doados, hoje em dia eles têm muito mais livros do que quando começaram.

Em alguns casos, pessoas que vão se mudar e entram em contato para doarem suas bibliotecas para a iniciativa, Giovanna e o pai agradecem, mas não podem aceitar a doação por não terem mais espaço para guardar livros em casa. E enfatizam que essa iniciativa não precisa e nem deve ser centralizada neles, que cada um pode fazer a doação na região em que mora, para que "a menina que doa livros" se torne "as pessoas que doam livros".

Giovanna, segundo Nascimento (2015), explica que : "Quando

alguém pede um livro que não temos, eu anoto o nome da pessoa, o livro, e-mail e telefone de contato. Se um dia viermos a ter a obra, avisamos."

A iniciativa de Giovana e seus pais ganhou ainda mais visibilidade por meio das redes sociais, e a vontade de Giovanna é que cada vez mais amantes da leitura se inspirem e criem suas próprias bibliotecas em locais públicos pelo país.

Esqueça um livro

O movimento surgiu em 2001, nos Estados Unidos, onde pessoas "esquecem" livros em locais públicos para que outras pessoas tenham acesso, e prossigam com a prática.

Alguns anos depois, o jornalista Felipe Brandão ajudou o movimento a se espalhar pelo Brasil, divulgando e incentivando as pessoas a fazerem o mesmo, é uma ideia simples e efetiva, que qualquer um com um livro sem uso pode fazer.

O movimento vem se espalhando rapidamente, sendo realizado em várias cidades e contando inclusive com a participação de editoras e autores que também "esquecem" livros em bancos de praças, mesas de restaurantes, pontos de ônibus ou qualquer outro local público.

No Facebook, a hashtag #EsqueçaUmLivro ajuda a disseminar a ideia, e Felipe posta as experiências das pessoas afetadas na página oficial do Esqueça um Livro.

Nas redes sociais, Felipe enfatiza que qualquer um pode participar, e é simples. Escolha em seu acervo um livro que você esteja disposto a doar e o esqueça em um local público, com um bilhete dentro esclarecendo o movimento para que quem ache o livro também possa aderir ao movimento e posteriormente esquecer um livro que outra pessoa terá a oportunidade de ler e seguir essa corrente disseminadora de cultura.

Projeto Refresque ideias – Geladeira do Livro

O projeto Refresque Ideias – Geladeira do Livro foi concebido em 2011, pelo educador Lucas Rafael, que por meio de suas experiências em produção cultural e intervenções urbanas interativas viu uma forma de disseminar conhecimento e cultura de forma independente (NASCIMENTO, 2015).

A leitura é uma atividade, ainda, pouco incentivada em comunidades menos favorecidas, principalmente entre as crianças. Tendo em vista essa deficiência sociocultural, o idealizador do projeto, que em determinado momento teve em sua casa uma geladeira que não funcionava e passou a usá-la como armário, percebeu que o uso de geladeiras como bibliotecas móveis seriam uma forma ao mesmo tempo prática e sustentável de disseminar o hábito da leitura na comunidade.

A proposta da Geladeira do Livro é ser um projeto de autogestão para fomentar o conhecimento e cultura de forma simples e acessível. Tendo em vista que os próprios membros da comunidade têm a liberdade de tomar o livro emprestado, devolvê-lo e até doar outros livros para o acervo da Geladeira do Livro do seu próprio bairro, além de entretenimento por meio da leitura os indivíduos terão um fomento extra no desenvolvimento social e educacional

Todo o material utilizado, geladeiras velhas e livros, é arrecadado por meio de doações e transformados em bibliotecas comunitárias e o conteúdo é oferecido à comunidade de forma gratuita. O que difere a Geladeira do Livro de uma biblioteca comum é que não é necessário fazer um registro. As regras são simples: a pessoa pode doar livros ou pegar para ler e devolver quando quiser.

A cada instalação de uma geladeira do Livro, em uma comunidade, é promovida uma ação cultural diversificada em temas num espaço público da própria comunidade, trazendo aos indivíduos mais um incentivo a se envolver em iniciativas culturais.

Além do entretenimento, conhecimento educacional, cultural e social resultantes da leitura, os moradores da comunidade são incentivados a ocupar espaços públicos, uma vez que a Geladeira do Livro é instalada em uma praça para que toda a comunidade possa interagir e promover a convivência literária, onde acontecem intervenções artísticas simultaneamente para chamar a atenção dos moradores, gerar interesse na Geladeira do Livro e incentivar à leitura.

Nascimento (2015) aponta que, o projeto Refresque Ideias foi contemplado pelo Fundo de Apoio à Cultura – FAC, Secretaria de Cultura e Governo do Distrito Federal, em 2016. Isso possibilitou a instalação da Geladeira do Livro em seis cidades satélites do DF: Ceilândia, Samambaia, Planaltina, Paranoá, São Sebastião, Guará e Areal. Essas cidades foram escolhidas por serem menos favorecidas em Brasília, tendo uma maior necessidade de agregar ações culturais e educacionais.

A geladeira a ser instalada, além de trazer um acervo cultural por dentro, na parte de fora a arte fica por conta de grafiteiros e artistas da própria comunidade.

O evento cultural promovido no dia da instalação apresenta artistas de diversas áreas, como grafite, artes visuais, poesia, música, dança e narração de histórias, além de feiras de troca e bazares.

A longo prazo o projeto pretende estender o alcance das Geladeiras do Livro em outras cidades, disseminando o fomento do hábito da leitura de forma interativa e sustentável.

Açougue cultural T-Bone – Luiz Amorim

Apaixonado por livros, Luiz instalou uma pequena estante de livros em seu açougue e os ofereceu como empréstimo aos seus clientes, que com o tempo e doações recebidas, foi estendido a pontos de ônibus com o projeto "Parada Cultural – Biblioteca Popular 24 horas", que oferece livros à população sem a necessidade de cadastros. O acervo é renovado constantemente para aumentar a rotatividade de livros, e o índice de perdas e danos do acervo é baixíssimo, conforme ele mesmo relata: "As pessoas previam tragédias que inviabilizariam o projeto: 'vão queimar os livros, vão rasgar tudo, vão roubar as estantes, a chuva vai molhar e estragar os livros, ninguém vai devolver o que levar para casa'. Nada disso aconteceu. Agora falam que só funciona porque é em Brasília, que em outro lugar não ia dar certo. Não acredito nisso. O ser humano é igual em qualquer lugar do mundo, a essência é a mesma."

Além dos projetos de empréstimos de livros no açougue e pontos de ônibus, há também o Açougue Cultural T-Bone, que conta com programações culturais oferecidas mensalmente de forma gratuita.

Bicicloteca – Robson Cesar Correia de Mendonça

A Bicicloteca foi idealizada por Robson Cesar Correia de Mendonça, um ex-morador de rua, que após ler o livro Revolução dos Bichos, emprestado de uma minibiblioteca em um albergue no Brás, inspirou-se a mudar a situação atual de sua vida. Ele decidiu levar livros a outros moradores de rua, visto que na maioria das bibliotecas convencionais, moradores de rua não são permitidos a realizar empréstimo por não terem endereço para realizar o cadastro. O objetivo primário de Robson não é o de recuperar moradores de rua, mas sim oferecer livros de forma gratuita para que aos poucos o cidadão possa se reintegrar na comunidade e recuperar sua autoestima, incentivando-o a tentar mudar sua posição atual da mesma forma que ele mudou a sua (VALENTE, 2012).

A metodologia de empréstimos da Bicicloteca não necessita de cadastro, é necessário apenas deixar o nome e condição: morador de rua, estudante, profissional etc. Os livros são emprestados de forma gratuita, não sendo obrigatória a devolução, contando apenas com o combinado de que após a leitura o livro não poderá ser vendido ou descartado, deverá ser emprestado à outra pessoa ou devolvido. Segundo Robson, a taxa de devolução é de mais de 90%, sendo que mais de 70% das pessoas que realizam o empréstimo são moradores de rua ou pessoas em situação de rua.

A Bicicloteca fez parcerias com os Bicicletários do Metrô, com a Biblioteca Mário de Andrade, Catraca Livre, e outras instituições, além de recicladoras de papel e cooperativas de catadores de material reciclável para que os livros não fossem destruídos e sim doados ao projeto.

Em um ano foram emprestados mais de 107 mil livros com apenas uma Bicicloteca e foram recebidos mais de 40.000 livros em doações.

O projeto atraiu empresas que financiaram um modelo elétrico com acesso à Web e placa solar para gerar energia, além de um baú acoplado com a capacidade de levar em média 300 livros.

Em 2016, o projeto já estava contando com 28 bicicletas espalhadas pela capital e por cidades do interior paulista, e o acervo continha 48 mil livros. O Instituto Mobilidade Verde estuda ampliar o projeto para todo o Brasil por meio de organizações locais.

A Bicicloteca também realiza um trabalho em parceria com o Movimento Estadual de Moradores de Rua, também criado por Robson, onde auxiliam moradores de rua a serem reinseridos no mercado de trabalho.

Cultura no ônibus – Antônio do livro

O projeto Cultura no Ônibus foi idealizado pelo cobrador de ônibus Antônio da Conceição Ferreira, em 2003. Ele começou com um livro, Capitães da Areia, que deixava em cima da caixa onde é guardado o dinheiro das passagens. Quando algum passageiro perguntava sobre o livro, ele o oferecia como empréstimo.

Depois Antônio colocou uma caixa de sapatos com livros ao lado da catraca, posteriormente virou uma estante de plástico e, em 2015, a biblioteca itinerante do Antônio do Livro, como é popularmente conhecido, já contava com cerca de 8.000 títulos e com uma média de 4 milhões de pessoas alcançadas.

Segundo Antônio, o objetivo do projeto é incentivar à leitura, escrita e entendimento, ampliar os lastros culturais e proporcionar acesso a livros em coletivos. Ele, ainda afirma, que: "O livro serve para transmitir conhecimento, cultura, educação. O passageiro tem a opção de ler no ônibus, de levar emprestado ou indicar o livro à outra pessoa. E não me preocupo com as devoluções. Não tem problema se a pessoa não traz o livro de volta. O livro vai circular e a pessoa se tornará um produtor cultural do mesmo jeito. Sempre vai aparecer alguém que acha o livro interessante e acaba pegando emprestado."

Em 2015, o projeto recebeu o apoio da Viação Piracicabana, no Distrito Federal, e começou a ser difundido para outras linhas de ônibus na região, atingindo centenas de ônibus e com o acervo cada vez mais diversificado, contando com livros de literatura brasileira, autoajuda, gibi, revista, cordel e muitos outros.

No Dia Nacional do Livro, a Piracicabana, em parceria com o projeto Cultura no Ônibus, realizou um evento na Rodoviária Plano Piloto, sede do projeto, contando com várias atrações, como narração de histórias, músicas, stand-up para as crianças, teatro e dança country. Além das atrações também havia estandes com livros disponíveis para leitura e doação.

Em 2016, o projeto Cultura no ônibus chegou a São José dos Campos. A iniciativa é de uma das empresas de transporte público do município, a Maringá, que conta com o apoio da Prefeitura, que também visa possibilitar a leitura de diferentes livros, sem qualquer custo, estendendo-se gradualmente a todos os veículos da empresa.

A proposta é a mesma iniciada no DF, que o passageiro possa escolher entre os livros que estão à disposição, podendo levá-lo para casa e devolvê-lo, posteriormente, dentro de qualquer terminal de ônibus. Doações também são aceitas nos mesmos terminais.

E, em 2017, o projeto chegou a Petrópolis por meio da empresa Turb, visando despertar o interesse da leitura em quem não tem o costume de ler, e conta anda com o apoio do idealizador da ONG Portal do Livro, Jolcenir Domingos da Silva, que defende: "A ideia é atingir um público diferenciado, que não tem tempo de ir até a uma biblioteca, por exemplo. Agora essas pessoas terão a possibilidade de ler dentro do ônibus ou de pegar um livro e levar para casa, devolvendo posteriormente."

A proposta de Antônio do livro é que com o planejamento necessário, o projeto seja estendido a mais municípios pelo país, e afirma: "Meu sonho é ver um projeto semelhante ao meu em cada uma das linhas de transporte coletivo por aí. Todos podem ajudar um pouco. É só deixar um livro na parada de ônibus, no shopping ou dentro do ônibus mesmo. Deixe um livro em qualquer lugar em que as pessoas circulam. Aí é esperar o próprio livro provocar as pessoas."

O projeto continua se expandindo, atualmente em cinco cidades: Brasília, São José dos Campos, Praia Grande, Mogi das Cruzes e Petrópolis.

Considerações

As pessoas que foram afetadas por questões familiares, culturais e sociais, que constituíram alguns traumas, geralmente têm dificuldades em construir uma relação com o livro que seja prazerosa, como a exemplo da obrigatoriedade imposta pela escola, quanto ao uso do livro, que levam o indivíduo a ter aversão à leitura.

Alguns estereótipos estão concretizados, e tanto as instituições como alguns profissionais da área de Biblioteconomia não se preocupam com a parte mais humana de sua profissão: as pessoas. É necessário estar em contato, com idosos, crianças, população em situação de rua, encarcerados, entre outros que se encontram em vulnerabilidade social, e que são os que mais necessitam de acolhimento, mesmo que seja por meio de ações sobre o livro e a leitura, porque essas ações poderão proporcionar a esses indivíduos uma oportunidade de imaginar e de se sentirem pertencentes a algum lugar de identificação, tornando-os fortes e preparados para acreditar que são capazes de construir para si e para os seus familiares uma vida mais digna, onde poderão se sentir protagonistas de suas próprias histórias.

Como todo trabalho autônomo, essas iniciativas abordas aqui, também, encontram problemas para se manterem, pois necessitam de apoio, não governamental e político se for mal-intencionado, mas das pessoas que se beneficiam delas. Assim como também requer a conscientização da sociedade, para não haver vandalismo, no que se refere ao descarte daquilo que não se quer em forma de doação.

O fato de deixar os livros à disposição não implica na efetivação de um leitor. Entretanto, a ação será efetivada se houver uma exposição dos objetos junto à oportunidade de exploração dos objetos, mediada pelo expositor, a fim de despertar o interesse de quem passa, por meio de ações atrativas, convites para conversas sobre temas constantes no acervo local, temas do cotidiano, entre outros.

O que se pode constatar, por meio das pesquisas e entrevistas com os responsáveis, é que as iniciativas funcionam e que enredam as pessoas. Existem aqueles que não leram um livro até ali, e são apresentados a um e começam a ler. Há os que pegam emprestado e devolvem, e que ainda voltam com doações significativas. Por fim, vários leitores se tornam uma comunhão de frequentadores, que ajudam a cuidar e manter as redes colaborativas.

As iniciativas citadas mostram que a biblioteca pode ser livre, sair de suas paredes, ser nômade, alcançar as pessoas, e até se desintegrar para atingir possíveis leitores. A realização profissional de um bibliotecário não deve implicar em estantes cheias de livros organizados, livros que voltam intocáveis, sem riscos, amassados, isto não corresponde à realidade, a realidade precisa ser vivida e vivenciada.

Referências

6 ANOS de parada cultural. Disponível em: encurtador.com.br/bfFKY. Acesso em: 28 out. 2017.

A JUNÇÃO inusitada de carnes e livros que deu certo em Brasília. Disponível em: http://tvbrasil.ebc.com.br/sabadosazuis/episodio/acougue-cultural-t-bone. Acesso em: 28 out. 2017.

ALENCAR, A. A menina que doa livros. [2016?]. Disponível em: encurtador.com.br/JKLMU. Acesso em: 28 out. 2017.

ALMEIDA JÚNIOR, O. F. de. **Bibliotecas públicas e bibliotecas alternativas**. Londrina: Ed. UEL, 1997.

ANTÔNIO do Livro populariza leitura em coletivos do DF. Disponível em: encurtador.com.br/csvJO. Acesso em: 28 out. 2017.

ARAÚJO, J. de S. **Letra, leitor, leituras:** reflexões. Itabuna: Via Litterarum, 2006.

BIBLIOTECAS DO BRASIL. **Sobre nós**. Disponível em: http://www.bibliotecasdobrasil.com/p/sobre-nos.html. Acesso em 28 out. 2017.

CALLADO, R. **Projeto transforma geladeiras em bibliotecas na periferia de Brasília.** Disponível em: encurtador.com.br/jrwNS. Acesso em: 28 out. 2017.

CULTURA no ônibus no ar e sarau na rodoviária. Disponível em: encurtador.com.br/div67. Acesso em: 28 out. 2017.

CULTURA no ônibus oferece livros gratuitos para os passageiros. Disponível em: encurtador.com.br/blEGZ. Acesso em: 28 out. 2017.

ESQUEÇA um livro por aí e ajude a campanha em favor da leitura. Disponível em: https://pt-br.facebook.com/EsquecaUmLivroOficial/. Acesso em: 28 out. 2017.

GESTEIRA, I. A. L. **Os espaços convencionais e alternativos de leitura**. 2006. Dissertação (Mestrado em Ciência da Informação) - Programa de Pós-Graduação em Ciência da Informação, Instituto de Ciência da Informação – ICI, Universidade Federal da Bahia. 2006. Disponível em: encurtador.com.br/hmQTV. Acesso em: 12 out. 2017.

HOUAISS, A. **Dicionário Houaiss da língua portuguesa**. Rio de Janeiro: Objetiva. 2009.

LAJOLO, M. **Do mundo da leitura para a leitura do mundo**. São Paulo: Ática, 1994.

LUIZ Amorim e seu açougue cultural. Disponível em: encurtador.com.br/uzIR6. Acesso em: 28 out. 2017.

MACHADO, E. C. Uma discussão acerca do conceito de Biblioteca Comunitária. **Revista Digital de Biblioteconomia e Ciência da Informação**, Campinas, v. 7, n. 1. p. 80-94, 2009. Disponível em: encurtador.com.br/zHNQV. Acesso em: 06 nov. 2017.

MACHADO, G. **Conhecendo a biblioteca**. Disponível em: http://www.euvoudebike.com/2013/04/conhecendo-a-bicicloteca/. Acesso em: 28 out. 2017.

NASCIMENTO, J. **Educador transforma geladeiras em bibliotecas para a população**. Disponível em: encurtador.com.br/aqyEX. Educação, UOL, 2015. Acesso em: 28 out. 2017.

NASCIMENTO, J. **Menina de nove anos doa livros no minhocão, em SP**: educação muda vida. Educação, UOL, 2015. Disponível em: encurtador.com.br/afmBE. Acesso em: 28 out. 2017.

PROJETO promove leitura de graça em ônibus de São José. Disponível em: http://www.sjc.sp.gov.br/noticias/noticia.aspx?noticia_id=25910. Acesso em: 28 out. 2017.

SOARES, W. Giovanna Pampolin, a menina que doa livros. **Carta Capital,** 2015. Disponível em: encurtador.com.br/hjtJP. Acesso em: 28 out. 2017.

SOUSA, S. A menina que doa livros na rua. **Rede Mobilizadores**, 2016. Disponível em: encurtador.com.br/oxzCS. Acesso em: 28 out. 2017.

REFRESQUE ideias. Disponível em: http://geladeiradolivro.blogspot.com.br/. Acesso em: 28 out. 2017.

VALENTE, E. Ex-morador de rua dirige bicicloteca no centro de São Paulo. **Folha de São Paulo**, 01 dez. 2012. Disponível em: encurtador.com.br/amR48. Acesso em: 28 out. 2017.

- CAPÍTULO QUATRO –

LEITURA LITERÁRIA E MEDIAÇÃO NA BIBLIOTECA PÚBLICA: EXERCÍCIO DE IDENTIDADE E ALARGAMENTO DE FRONTEIRAS

Fabíola Ribeiro Farias
Cleide Aparecida Fernandes

A biblioteca da Panduria, nação ilustre, teve que ser fechada porque, suspeitava-se, seus livros continham entendimentos contrários e perigosos ao prestígio militar. Numa operação especial, comandada pelo general Fedina, um oficial severo e escrupuloso, o espaço foi fechado aos seus habituais frequentadores e ocupado por tenentes e soldados. Dentre os funcionários, apenas o bibliotecário, senhor Crispino, foi autorizado a permanecer para orientar os oficiais na busca pelos livros. A princípio aparentemente simples, a tarefa de classificar os livros entre adequados ou não foi se revelando complexa. Por arte e ofício do bibliotecário Crispino, soldados e tenentes se perderam em textos com versões e narrativas distintas para um determinado acontecimento e se encontraram convocados por conflitos e contradições.

O conto ***Um general na biblioteca***, escrito por Ítalo Calvino (2001), pode ser considerado um elogio à biblioteca e ao ofício de bibliotecário, especialmente no que toca à mediação entre os leitores e as ofertas da biblioteca. Mais que um espaço com livros sistematicamente organizados, a biblioteca encontra seu lugar e legitima sua função em experiências como a do Sr. Crispino.

Em um país como o Brasil, em que o poder aquisitivo médio da população não permite que livros, revistas e outros materiais e suportes de leitura façam parte da cesta básica da grande maioria das famílias, as bibliotecas (escolares, públicas e comunitárias) são a principal forma de acesso à leitura. Às crianças e jovens em idade escolar estão garantidas, em tese, a oferta da letra nos bancos escolares, mas para a população adulta o contato, para além do aspecto utilitário (leitura de placas, bilhetes, orientações públicas, dentre outras informações), se encerra com as aulas.

Nas duas últimas décadas, promovida por programas governamentais e da sociedade civil organizada, as bibliotecas públicas se tornaram objeto de atenção. Se sua presença ainda é incipiente em pesquisas acadêmicas e se no próprio campo da Ciência da Informação, onde a Biblioteconomia se insere, ela não tem sido significativamente estudada, ao contrário do que acontece com a biblioteca escolar, dela se espera uma contribuição efetiva nas políticas públicas para a formação de leitores.

A biblioteca pública é hoje o equipamento cultural mais presente nos municípios brasileiros. Segundo o Censo Nacional das Bibliotecas Públicas Municipais[5], realizado pela Fundação Getúlio Vargas / Ministério da Cultura em 2009, dos 5.565 municípios brasileiros, 4.396 contavam com a existência de pelo menos uma biblioteca pública, 668 estavam em fase de implantação da biblioteca, 56 estavam reabrindo bibliotecas que haviam sido fechadas e 445 não tinham bibliotecas.

Apesar de não cobrirem todo o território nacional, garantindo que cada município conte com pelo menos uma unidade, os números apresentados pelo Censo revelam uma forte presença da instituição

[5] Embora haja estatísticas mais recentes sobre bibliotecas públicas no Brasil, como a Pesquisa de Informações Básicas Municipais, realizada pelo Instituto Brasileiro de Geografia e Estatística, o Censo realizado pela Fundação Getúlio Vargas ainda se apresenta como o estudo específico mais aprofundado sobre o tema.

biblioteca pública no país. Em sua grande maioria com espaços físicos inadequados, acervos formados e desenvolvidos aleatoriamente, em grande medida com livros oriundos de doações, recursos humanos sem qualificação na especificidade da área de atuação, essas bibliotecas têm a função de oferecer acesso a livros e outros materiais de leitura para a população e também de formar leitores.

No senso comum, formar leitores equivale a formar leitores de literatura. Com raras exceções, é o leitor literário, seja ele criança, jovem ou adulto, que está no horizonte das bibliotecas públicas, muito vinculadas, não apenas no senso comum, a uma formação livre, descolada da educação formal. Assim, as bibliotecas públicas, cujos acervos são predominantemente formados por obras literárias, se dedicam à tarefa de formar de leitores de literatura.

Tendo isso em vista, esse artigo se dedica à reflexão acerca da relevância da leitura literária e sua mediação no âmbito das bibliotecas públicas brasileiras.

Leitura literária, animação cultural e formação: mediações

A leitura literária, seus objetivos, funções e modos de realização, podem ser discutidos em duas grandes perspectivas. A primeira delas a que se norteia pelo prazer, pela diversão, pelo entretenimento e pela animação cultural. A segunda, numa visão de mundo que encontra ancoragem na compreensão da literatura como instrumento para o entendimento do tempo, do espaço e das relações que vivemos.

Contrastando com o discurso contra a escolarização da leitura literária, que originalmente diz do uso da literatura para o ensino de conteúdos de outras disciplinas, principalmente o ensino da língua portuguesa, e numa tentativa de romper com a educação bancária, em que o professor transmite ao aluno todo o conhecimento sem considerá-lo como sujeito no processo de aprendizagem, o prazer tem sido um argumento recorrente nos estudos e projetos para a formação de leitores, especialmente nas bibliotecas públicas. Nessa perspectiva, a leitura de literatura serviria ao lazer dos leitores, que se entreteriam livremente, sem qualquer preocupação com a aprendizagem de conteúdo ou forma, vinculando-se

> definitivamente ao tempo livre, interpretado na ordem da sociedade totalitária como o momento em que as pessoas se desocupam das obrigações do trabalho e da responsabilidade social e podem ocupar-se com o não pensar e esquecer as agruras da vida. A arte suave e alegre faz parte dos lazeres modernos, realizando-se como produto de consumo ligeiro e descomprometido. (BRITTO, 2012, p. 123)

Liberto das exigências escolares, isto é, dos objetivos curriculares que, ***a priori***, guiam e avaliam suas leituras, o leitor vislumbrado na perspectiva do prazer busca e lê, exclusivamente, a si mesmo e ao seu desejo, no que Constantino Bértolo (2014) chama de aspecto autobiográfico da leitura. Dito de outra maneira, ele lê no texto a sua vida, a sua história, seus desejos e significados individuais, muitas vezes ferindo a leitura textual e tirando das palavras e frases, como um todo, o sentido que elas poderiam ter para um grupo e para um tempo, isto é, o sentido que poderia ser compartilhado socialmente. Diz Bértolo (2014):

> A presença de uma semântica autobiográfica produzirá um atrito entre os significados comuns e os significados individuais, estabelecendo-se assim durante a leitura uma tensão interna, à qual viria somar-se o fato de que o estabelecimento do significado comum, compartilhado é por sua vez um processo complexo que recolhe as lutas reais que se produzem em outros níveis – social, econômico, político – na comunidade linguística. (BÉRTOLO, 2014, p. 51-52)

É importante ressaltar que o leitor autobiográfico de Constantino

Bértolo (2014) se distingue do leitor-modelo de Umberto Eco (2004). Enquanto o segundo diz de um leitor desejado, imaginado pelo autor, que decifra o código linguístico e participa da construção de sentido a partir de um conhecimento prévio da língua em que o texto está escrito e de sua própria visão de mundo, o primeiro faz do texto um pretexto para a observação e a contemplação de si mesmo, validando um viés hedonista para a leitura.

Produto de uma cultura narcísica, em que o indivíduo se desinveste do olhar para o outro e da coletividade e destina a si mesmo toda a sua atenção e desejo, o leitor hedonista busca o prazer e o encontro de um eu absoluto, descolado da história, em suas leituras.

Em busca desse leitor e a título de incentivo à leitura, as bibliotecas públicas promovem atividades as mais diversas, em que muitas vezes não há qualquer relação entre o que é desenvolvido e a leitura do texto literário. Dos tradicionais saraus e rodas de leitura a oficinas de escrita, passando por apresentações teatralizadas de narrativas da tradição oral e oficinas de criação artística, a ação bibliotecária para a formação de leitores é vasta e, muitas vezes, se confunde com animação cultural. Prescindindo da letra, muitas bibliotecas acreditam contribuir na formação de leitores de uma maneira "mais leve", mais prazerosa, mais lúdica, mais rápida e até mesmo mais inclusiva, que tira da leitura literária seu caráter de trabalho intelectual e faz dela uma mercadoria, interditando possibilidades de acesso autônomo às narrativas produzidas pela humanidade ao longo do tempo e do espaço.

Um bom exemplo, que diz respeito ao público adulto, é o entendimento de que as ações de estímulo à leitura junto a pessoas ou grupos não alfabetizados ou com poucas habilidades de leitura e escrita devam se pautar na oralidade, muitas vezes materializada no espetáculo. Ou que às crianças muito pequenas, ainda não alfabetizadas, seja necessário oferecer histórias teatralizadas, com música e figurinos, muitas vezes sem a presença do livro, substituído por violões, pandeiros, máscaras, chocalhos e outros objetos cênicos. Dito de outra maneira, a leitura é oferecida, ainda que de maneira implícita, como uma festa. Como atividade que exige silêncio, atenção e trabalho ela não será, na avaliação de quem propõe e promove atividades dessa natureza, interessante para as crianças. E o adulto que não sabe ler ou tem pouca intimidade com a letra tem sua distância da cultura escrita alargada.

Vale ressaltar que tudo o que contribui para a ampliação do repertório simbólico das pessoas e para seu desenvolvimento integral constitui, inegavelmente, seu processo formativo e, consequentemente, reverbera em sua experiência com a leitura. No entanto, o que se observa com alguma frequência nas bibliotecas públicas brasileiras é a predominância de atividades de animação cultural em detrimento das ancoradas na cultura escrita, objeto primeiro de bibliotecas.

A perspectiva da leitura literária como espetáculo, como mercadoria, encontra acolhida na "ideologia da facilidade, rapidez na captação da mensagem, confisco do tempo de reflexão [que] dominam e passam a impregnar a cultura e a educação através da simbiose entre mídia e indústria cultural" apontada por Matos (2006, p.15-16), num sistema que visa, antes de qualquer coisa, um público consumidor de entretenimento. Aos sujeitos nas condições acima são interditadas a compreensão do significado da cultura escrita e, claro, sua participação nesse sistema de poder. Ainda que muitos argumentem, questionavelmente, que não seja função da biblioteca pública contribuir no processo de alfabetização da população, a ausência da letra e do seu principal objeto de transmissão, o livro, em atividades que tenham como objetivo a formação de leitores é um sintoma grave, pois revela o baixo valor simbólico atribuído à cultura escrita no âmbito da instituição em questão.

A visada do prazer que a literatura oferece ao leitor merece atenção. Para um leitor experiente, ler é prazeroso: há fruição nas imagens produzidas pelas palavras, nas associações de ideias criadas pelo texto, nas situações construídas pela escrita, nas pequenas liberdades vislumbradas pelo pensamento, na especulação da fantasia e até mesmo no sofrimento partilhado por um personagem. Alcançar a condição de leitor que se abre a esse tipo de prazer exige trabalho e tempo, pois esse prazer não se estabelece somente pelo conteúdo do que se lê, mas pela apropriação lenta e perene de um sistema simbólico que aproxima e afasta maneiras de narrar o tempo, o espaço e as relações que vivemos, que expõe conflitos e contradições, que se abre a distintas autorias e experimentações estéticas, enfim, que nos convoca a compreender o mundo em sua imensidão e complexidade por meio da cultura escrita. Para além da história contada, o prazer da leitura está na junção de forma e conteúdo, na compreensão do que se faz quando se lê. Candido (2004) aborda a importância da forma, das palavras escolhidas e ajuntadas de tal ou qual maneira em um texto, oral ou escrito:

> Quando digo que um texto me impressiona, quero dizer que ele impressiona porque a sua possibilidade de impressionar foi determinada pela ordenação recebida de quem o produziu. Em palavras usuais: o conteúdo só atua por causa da forma, e a forma traz em si, virtualmente, uma capacidade de humanizar devido à coerência mental que pressupõe e que sugere. (CANDIDO, 2004, p. 178)

Assim, formar leitores literários extrapola em muito a transmissão dos conteúdos e das histórias contadas em romances, contos, poemas, crônicas. O principal compromisso da mediação em uma biblioteca pública não pode se restringir ao atendimento da demanda imediata dos leitores, mas deve se sustentar, sem receitas prévias, na oferta às pessoas, sejam elas crianças, jovens ou adultos, de possibilidades de apropriação da literatura como experiência para a compreensão, a indagação e a intervenção no mundo, a partir da letra.

Esse entendimento credita à leitura literária a perspectiva de um espaço de construção e fortalecimento de uma democracia cultural, que tem como tarefa de origem não o conhecimento das histórias, o ensino da leitura, a interpretação de textos, as figuras de linguagem, os gêneros literários, mas a promoção da participação das pessoas na cultura escrita, que guarda todas as narrativas e conhecimento registrados pela letra ao longo do tempo e do espaço, além de possibilitar a inserção de novas e diversas vozes nesse imenso acervo.

A leitura literária, especialmente, oferece ao leitor, pela palavra escrita, a possibilidade de se apropriar da história, do tempo, da voz, do medo, da angústia e do sonho do outro, esteja ele perto ou longe, seja ele meu contemporâneo ou meu antepassado. Ainda, permite as mais diferentes e inimagináveis organizações e até mesmo reinvenções do que somos e do que podemos ser. Em resumo, a formação de leitores de literatura vai ao encontro de um projeto educativo que permite a cada indivíduo se apropriar e participar da humanidade produzida histórica e coletivamente.

Descolada do hedonismo, do imediatismo e do narcisismo da leitura autobiográfica e de lazer, que entretêm e acolhem o leitor com um arremedo morno do seu próprio cotidiano, travestido de identidade, e o afastam cada vez mais das questões que problematizam a existência e, por isso, a promovem, a leitura literária na perspectiva da emancipação abre fendas contra a coisificação da vida, entendida como "a inaptidão à existência e ao comportamento livre e autônomo em relação a qualquer assunto" (ADORNO, 1995, p. 60).

Lenta e trabalhosa, a leitura de literatura deve ser uma convocação para a especulação da vida e da morte, para além da realização da existência pragmática, que insere o indivíduo no tempo da produção, tirando dele a possibilidade de indagação, o desejo pelo conhecimento do que nos faz humanos e, principalmente, alienando-o dos conflitos e contradições que, escamoteados, naturalizam o ***status quo*** social. Dito de forma mais ampla, a educação, de maneira geral, e a literatura, especificamente, devem ser compreendidas como uma ampliação de repertório a partir do qual formamos a nossa consciência do mundo e da história, um jeito de fazer experiência, de pensar, como consigna Adorno (1995):

> Aquilo que caracteriza propriamente a consciência é o pensar em relação à realidade, ao conteúdo – a relação entre formas e estruturas de pensamento do sujeito e aquilo que este não é. Este sentido mais profundo de consciência ou faculdade de pensar não é apenas o desenvolvimento lógico formal, mas ele corresponde literalmente à capacidade de fazer experiências. Eu diria que pensar é o mesmo que fazer experiências intelectuais. Nesta medida e nos termos que procuramos expor, a educação para a experiência é idêntica à educação para a emancipação. (ADORNO, 1995, p. 151)

Pensar exige silêncio e introspecção. Dar a pensar, experimentar o mundo por meio da cultura escrita, razão de ser da biblioteca pública, especialmente, é uma tarefa que deve ser aberta com rigor e generosidade para crianças, jovens e adultos. Rigor no que diz respeito ao trabalho de aprendizagem da letra e da leitura, que exige tempo e dedicação – a literatura não é uma mercadoria que se adquire do dia para a noite. Generosidade na compreensão de que, no contexto brasileiro, é necessário construir valor simbólico para a literatura e considerar as condições objetivas e subjetivas do público que recebemos nas bibliotecas.

No encontro desses dois aspectos, está a mediação do bibliotecário e dos demais profissionais da biblioteca. Para além da aproximação entre livros e possíveis leitores, a mediação implica a apresentação do mundo imenso, conflituoso e contraditório encerrado pela letra, inclusive em sua condição de poder. Assim como tudo na vida, a biblioteca e os livros não são neutros e carregam em si discursos políticos, econômicos, de raça, de classe, de gênero e, principalmente, um ideal de homem educado. A mediação desejada é aquela que apresenta diferentes discursos, evidenciando as disputas de poder entre os grupos sociais, verdadeiro motor da história.

Essa disputa está tanto nas histórias contadas como na forma de contá-las. Assim, mesmo para uma criança muito pequena, ainda não alfabetizada, é possível mostrar a maleabilidade da língua, suas possibilidades de dizer qualquer coisa, de brincar e de construir diferentes registros do mundo.

Nos passos do bibliotecário Crispino, da ilustre nação da Panduria, que apresentou aos oficiais um mundo que exigia ser levado em conta, com todas as suas versões, conflitos e contradições, as bibliotecas públicas brasileiras precisam pensar a participação da população na cultura escrita como forma de emancipação. E esse pensamento deve se refletir na constituição de seus acervos, na oferta de serviços, na realização de atividades e, especialmente, nas mediações que acolhem e provocam os leitores, questionando suas certezas e alargando suas fronteiras. Não há receitas nem segurança nesse processo, sendo a mediação um exercício de experiência, sempre em marcha, construído cotidianamente na relação com os leitores.

A literatura é uma forma privilegiada para, nas palavras de Adorno (1995), realizar experiências, pois lida, por meio da escrita, com as narrativas que nos fazem indivíduos singulares e também parte da humanidade, expondo a nós mesmos a miséria e a grandeza de nossa vida íntima e coletiva. Quando o general Fedina recebeu ordens para encerrar a missão, apresentando um relatório conclusivo sobre o trabalho desenvolvido na biblioteca, os oficiais, inicialmente firmes em suas convicções, se expressavam da maneira confusa, típica de quem abraçou há pouco novas ideias. E desejavam partilhar os novos conhecimentos com os outros, dizer tudo o que haviam descoberto, agindo como intelectuais, como

> alguém que empenha todo o seu ser no senso crítico, na recusa em aceitar fórmulas fáceis ou clichês prontos, ou confirmações afáveis, sempre tão conciliadoras sobre o que os poderosos ou convencionais têm a dizer e sobre o que fazem. Não apenas

> relutando de modo passivo, mas desejando ativamente dizer isso em público. (SAID, 2005, p. 35-36)

Com o fim da tarefa de separar os livros entre adequados e inadequados ao prestígio do serviço militar na biblioteca da cidade, os oficiais inauguram uma outra forma de viver. Imersos em curiosidades e desejo de conhecer o mundo, tomados pela necessidade de partilhar as novas ideias,

> não viam a hora de voltar para junto das pessoas, de retomar contato com a vida, que agora lhes parecia muito mais complexa, quase renovada aos olhos deles; e, além disso, a aproximação do dia em que deveriam deixar a biblioteca enchia-os de apreensão, pois teriam de prestar contas de sua missão, e, com todas as ideias que andavam brotando em suas cabeças, não sabiam mais como sair dessa enrascada. (CALVINO, 2001, p. 78)

Em síntese: da biblioteca para a vida.

Referências

ADORNO, Theodor. **Educação e emancipação**. Rio de Janeiro: Paz e Terra, 1995.

BÉRTOLO, Constantino. **O banquete dos notáveis**: sobre leitura e crítica. São Paulo: Livros da Matriz, 2014.

BRITTO, Luiz Percival Leme. **Inquietudes e desacordos**: a leitura além do óbvio. Campinas, SP: Mercado de Letras, 2012.

CALVINO, Ítalo. **Um general na biblioteca**. São Paulo: Companhia das Letras, 2001.

CANDIDO, Antonio. **Vários escritos**. Rio de Janeiro: Ouro sobre Azul; São Paulo: Duas Cidades, 2004.

CENSO Nacional das Bibliotecas Públicas Municipais: estudo quantitativo: principais resultados. Realizado pela Fundação Getúlio Vargas e pelo Ministério da Cultura. Disponível em <http://www.cultura.gov.br/site/wp-content/uploads/2010/05/microsoft-powerpoint-fgvap-minc-completa79.pdf>. Acesso em: 22 ago. 2012.

ECO, Umberto. **Lector in fabula**. São Paulo: Perspectiva, 2004.

MATOS, Olgária. **Discretas esperanças**: reflexões filosóficas sobre o mundo contemporâneo. São Paulo: Nova Alexandria, 2006.

SAID, Edward. **Representações do intelectual**: as conferências Reith de 1993. São Paulo: Companhia das Letras, 2005.

- CAPÍTULO CINCO –

PLANEJAMENTO DE MEDIAÇÃO DE LEITURA NA BIBLIOTECA ESCOLAR: TEORIA E PRÁTICAS

Cristina Troller
Marina Marostica Finatto

Introdução

Trabalhar com leitura e literatura na biblioteca escolar pode parecer tarefa fácil, afinal os estudantes são o público que mais lê, em comparação com quem não frequenta a escola[6], no entanto, há que ser pensado qual é o papel desempenhado pela biblioteca no incentivo à leitura e, mais do que isso, na formação do leitor, para que esse estudante procure ativamente a leitura, mesmo fora da escola. Este relato de experiência busca apresentar a teoria que baseia as ações em uma biblioteca escolar e a prática de planejamento de mediações de leitura, fazendo reflexões acerca da importância delas e, mais do que isso, apresentando uma possibilidade de planejamento dessas atividades, a fim de que elas cumpram sua função dentro do contexto escolar.

Os planejamentos que apresentaremos neste trabalho são de atividades realizadas ao longo do ano de 2018 e primeiro semestre de 2019 na biblioteca escolar do Colégio Marista Santa Maria, localizado no interior

[6] Pesquisa Retratos da leitura no Brasil (FAILA, 2016, p.187)

do Rio Grande do Sul, na cidade de Santa Maria. Embora tenham sido realizadas no contexto do ensino privado, ressaltamos que as atividades aqui referenciadas contaram, em sua maioria, com recursos reutilizados da própria escola ou baixo custo de material. Ao longo deste trabalho iremos, além de apresentar os planejamentos, discutir a importância da mediação de leitura literária na biblioteca, o papel do mediador e também iremos apresentar os critérios para a escolha de obras trabalhadas.

A biblioteca escolar configura-se como um universo de possibilidades, podendo atuar em diversas frentes no apoio ao trabalho pedagógico realizado na escola, como pesquisa, incentivo à leitura e formação do leitor, além de dar acesso à informação como um todo. Segundo Roca (2012, p. 24):

> (...) a biblioteca escolar é mais do que um recurso, já que também gera possibilidades contínuas de apoio ao trabalho do professor e de coordenação educacional para o desenvolvimento curricular. Dessa forma, o que justifica a existência da biblioteca escolar não é a biblioteca em si como estrutura organizacional estável que proporciona serviços bibliotecários, mas seu uso como recurso educacional facilitador do desenvolvimento de processos de ensino-aprendizagem e de práticas de leitura, e, consequentemente, sua conceituação como agente pedagógico que apoia, de forma estável, o desenvolvimento do projeto curricular da escola. (ROCA, 2012, p.24)

Assim, a biblioteca configura-se como o local privilegiado também para as práticas que possibilitam uma liberdade maior para os estudantes lerem o que for de sua escolha e não terem uma atividade obrigatória sobre a leitura, por exemplo. Essa liberdade, no entanto, é relativa, já que compreendemos que deve existir uma mediação para que os livros cheguem até os estudantes, a fim de que sejam respeitados aspectos como a maturidade leitora de cada um e para que o livro não se torne algo penoso, mas propicie momentos de prazer.

Nesse sentido, há o papel importante dos mediadores de leitura, compreendidos aqui como uma ponte entre os livros e os estudantes, nunca como limitadores de leitura, pois compreende-se que ela será individual e única para cada um. Segundo Santos (2012, p.39), o mediador, ou agente de leitura como prefere o autor, por tornar mais acessível o mundo do livro e da leitura, tem uma responsabilidade social e "sua ação cultural é, por excelência, uma ação social de transformação da realidade onde ele está inserido. Numa dimensão mais ampla, todo agente de leitura é um agente cultural e social". Isso porque embora estejamos vivenciando um momento histórico no sentido de disseminação de informação, paradoxalmente vivemos o advento de notícias falsas e informações mentirosas circulando facilmente entre a população, e assim também é a relação com a leitura, que está em todo o lugar, mas os índices de livros lidos pelos brasileiros – principalmente de literatura – pouco mudam. Reiteramos, então, o importante papel desempenhado pelo mediador de leitura no contexto da biblioteca escolar, pois "apenas circular em meio a materiais diversificados de leitura não desenvolve o gosto pelo ato de ler. É imprescindível conviver com uma ou mais pessoas que se envolvam eventual ou permanentemente com esses materiais, significando-os." (SANTOS et al, 2012, p.13).

Entendemos também que o encantamento com o mundo da leitura pode se dar de diversas formas, mas algo largamente discutido no contexto da formação de leitores é a importância da leitura literária. Assim, nos trabalhos realizados na biblioteca, priorizamos sempre o trabalho com o livro, a fim de que os estudantes percebam nesse suporte uma atividade prazerosa, e, além disso, sempre buscamos livros que tenham uma preocupação estética tanto no texto escrito quanto nas ilustrações. Evitamos livros que tenham uma intenção moralizante ou que procurem ensinar algo explicitamente aos estudantes (como livro de formas, cores ou palavras de gentileza, por exemplo), pois assim como Lois (2010), compreendemos que "O texto literário é arte, não é pedagogia. Dialoga com a subjetividade, não com a técnica." (LOIS, 2010, p.35). Além disso, a leitura literária deve ter lugar de destaque na biblioteca quando há a preocupação com a formação de leitores, pois

> "(...) é porta para variados mundos que nascem das inúmeras leituras que dela se fazem. Os mundos que ela cria não se desfazem na última página do livro, na última frase da canção, na última fala da representação nem na última tela do hipertexto. Permanecem no leitor, incorporados como vivência, marcos da história de leitura de cada um." (LAJOLO, 2018, p.55-56)

Compreendemos, assim, que a partir do planejamento de mediações de leitura que levem em consideração esses conceitos, é possível termos mais efetividade nas atividades de formação de leitores realizados na biblioteca escolar. No entanto, nesse mesmo sentido, entendemos que "Um país de leitores tem na escola sua base e na família leitora sua sustentação." (SANTOS et al, 2012, p.11), portanto formar um leitor é um esforço contínuo e que vai muito além dos muros da escola, passa pelas famílias e chega nas políticas públicas para a valorização do livro, da leitura, dos profissionais que trabalham nessa área e pelo reconhecimento da importância disso para uma sociedade mais humana.

Planejamento de mediação de leitura na biblioteca escolar

A fim de que todas as atividades realizadas no espaço da biblioteca tenham uma intencionalidade que esteja em consonância com o propósito de existir do espaço, julgamos importantíssimo o planejamento prévio dessas atividades. Esse planejamento exige pesquisa, criatividade e também debates entre a equipe para ajustes e adequações das propostas.

Assim, todas as mediações de leitura passam por um processo de planejamento que vai desde a escolha cuidadosa da obra que será contada para a faixa etária e maturidade leitora, até a extrapolação da leitura, passando pelo levantamento de materiais necessários e recursos utilizados no momento de contar a história.

Um dos desafios, mas também o que faz o trabalho em biblioteca escolar ser tão enriquecedor, é a diversidade de faixas etárias atendidas. Na escola em questão, por exemplo, trabalhamos com crianças de três a onze anos que têm horário semanal fixo na biblioteca e atendemos até o ensino médio, ou seja, adolescentes de até dezessete anos. Contudo, o atendimento aos anos finais do ensino fundamental e ensino médio depende muito da parceria com professores e da iniciativa dos próprios estudantes, já que eles não têm horário fixo na biblioteca. Com toda essa multiplicidade de faixas etárias, é importante levar esse dado em consideração quando do planejamento de alguma atividade, mas além da idade, também é necessário avaliar a maturidade leitora das turmas e dos estudantes que irão entrar em contato com aquela obra, a fim de que os leitores não se sintam subestimados, mas também que não seja levado algo inacessível do ponto de vista linguístico, por exemplo. Esse fator impacta na escolha dos livros a serem contados já que os textos para nível 1 serão diferentes daqueles selecionados para o 4º ano, tanto em termos linguísticos de uso de linguagem conotativa que impacta na maturidade leitora, por exemplo, quanto nas temáticas abordadas, que podem conversar muito bem com uma faixa etária e nem tanto com outra. Além disso, procuramos sempre observar as leituras escolhidas pelos estudantes para podermos sugerir outras, que os desafiem, já que

> (...) crescemos como leitores quando somos desafiados por leituras progressivamente mais complexas. Portanto, é papel do professor partir daquilo que o aluno já conhece para aquilo que ele desconhece, a fim de se proporcionar o crescimento do leitor por meio da ampliação de seus horizontes de leitura. (COSSON, 2018, p.35)

Sobre a escolha das obras a serem contadas, salientamos a

importância daquelas que tenham uma preocupação estética tanto com a ilustração quanto com o texto, priorizando a mediação de leitura de literatura pelos motivos já expostos anteriormente no que diz respeito à formação do leitor e como o texto literário é muito mais efetivo nesse sentido. Além disso, levamos em consideração o conceito de letramento literário exposto por Cosson (2018), mesmo considerando que haja espaço para diversos letramentos na biblioteca escolar, e procuramos observar os três critérios de seleção de textos na escolha dos livros para as mediações de leitura:

> Em síntese, o que se propõe aqui é combinar esses três critérios de seleção de textos, fazendo-os agir de forma simultânea no letramento literário. Ao selecionar um texto, o professor não deve desprezar o cânone, pois é nele que encontrará a herança cultural de sua comunidade. Também não pode se apoiar apenas na contemporaneidade dos textos, mas sim em sua atualidade. Do mesmo modo, precisa aplicar o princípio da diversidade entendido, para além da simples diferença entre os textos, como a busca da discrepância entre o conhecido e o desconhecido, o simples e o complexo, em um processo de leitura que se faz por meio da verticalização de textos e procedimentos. É assim que tem lugar na escola o novo e o velho, o trivial e o estético, o simples e o complexo e toda a miríade de textos que faz da leitura literária uma atividade de prazer e conhecimento singulares. (COSSON, 2018, p.36)

Assim, torna-se relevante o estudo e a pesquisa sobre os títulos e as histórias a serem contadas, principalmente quando se trata de uma obra canônica, a fim de que se possa explorar as relações intertextuais e também com a realidade dos estudantes. A atualidade dos textos, muito além da contemporaneidade, diz respeito àquilo que faz sentido para os estudantes hoje, então um texto pode ter sido escrito há muito tempo atrás, ou seja, não ser contemporâneo, mas conversar com as angústias, dúvidas e alegrias dos estudantes de hoje, o que o torna atual. A busca pela diversidade de textos também é algo que julgamos importante, a fim de que sejam apresentados textos que desafiem seus leitores a ir além do texto, conectando-o às diversas leituras que fazemos todos os dias, entre elas a de mundo.

Conforme mencionado anteriormente, o planejamento inclui também atividades de motivação e extrapolação. As primeiras têm o intuito de preparar os estudantes para a leitura daquela obra, se certificar de que todos saibam o significado de algum termo ou expressão utilizado ao longo do texto ou criar hipóteses sobre o texto, sem, no entanto, restringir o sentido que pode ser atribuído a ele. Segundo Cosson (2018, p.56):

> a motivação prepara o leitor para receber o texto, mas não silencia nem o texto nem o leitor. É preciso confiar mais em ambos, sobretudo quando tratamos de leitura literária. Naturalmente, a motivação exerce uma influência sobre as expectativas do leitor, mas não tem o poder de determinar sua leitura.

Já a extrapolação busca que os estudantes ultrapassem o texto no sentido de que possam relacioná-lo com algo do seu dia a dia, possam demonstrar seu entendimento sobre a história, ou a relacionem com outras histórias. Na obra de Cosson (2018) encontramos essas atividades descritas como "expansão", a qual ele define como

> (...) esse movimento de ultrapassagem do limite de um texto para outros textos, quer visto como extrapolação dentro do processo de leitura, quer visto como intertextualidade no campo literário (...) Desse modo, a expansão busca destacar as possibilidades de diálogo que toda obra articula com os textos que a precederam ou que lhes são contemporâneos ou posteriores. (COSSON, 2018, p.94)

A extrapolação pode ser algo que aconteça no momento seguinte à mediação de leitura, mas também pode tomar espaço em momentos posteriores, perdurando com um trabalho relacionado àquela leitura por semanas, por exemplo. Algo muito importante que buscamos levar em consideração ao pensarmos as atividades de extrapolação é o protagonismo dos estudantes, compreendendo que esse é o momento para eles se expressarem.

A seguir, apresentaremos exemplos de mediações de leitura planejadas e desenvolvidas pela biblioteca:

- Exemplo de planejamento de mediação de leitura com educação infantil:

Livro: Era uma vez uma semente, de Judith Andersen
Período de realização/Local: 1 de julho a 22 de julho, biblioteca
Público: Nível 1 e 2 da educação infantil (estudantes entre 3 e 4 anos)
Metodologia: A mediação da história acontecerá por meio da leitura do livro e de suas imagens mostradas no livro.
Síntese: Como a semente se transforma em planta, e essa planta forma novas sementes? Esse é um milagre da natureza. Este livro conta a história de uma semente através do olhar de uma menininha e de seu avô.
Intencionalidade: incentivar as crianças a explorarem o mundo natural; ajudar a desenvolver nelas a responsabilidade por plantas, animais e recursos naturais; proporcionar momentos de prazer relacionados à leitura; contribuir para a formação de leitores.
Motivação: conversa sobre como nasce uma planta: você sabe como ela cresce e se desenvolve? Além disso, perguntar oralmente de onde os estudantes pensam que vêm os alimentos que consumimos?
Extrapolação: após conversarmos sobre dúvidas e curiosidades da história, os alunos irão plantar uma semente de feijão em um potinho com algodão e regá-los com água. Os potinhos ficarão na biblioteca, onde os estudantes poderão observar o desenvolvimento da planta nas

semanas seguintes. Ao final de um mês, mais ou menos, será oferecido um caldinho de feijão, para que eles percebam que aquela sementinha que eles plantaram vira nosso alimento.

Leitura e escolha de títulos: Nesse momento os estudantes são convidados a usufruir do espaço da biblioteca onde realizam leituras, conhecendo o acervo e escolhendo livremente livros para empréstimo.

Referências

ANDERSON, Judith. Era uma vez uma semente. São Paulo: Scipione, 2010.

- Exemplo de planejamento de mediação de leitura com os anos iniciais:

Livro: A casa de livros do urso, de Poppy Bishop
Período de realização/Local: 18-22/03, biblioteca
Público: Nível 3 e 1º ano (estudantes entre 5 e 6 anos)
Metodologia: A história será contada a partir do livro, com entonações e vozes diferenciadas dependendo dos momentos e personagens do livro. Antes de iniciar a leitura, deverá ser feita uma fala motivando os estudantes a encontrarem o livro que será lido. O livro poderá estar em uma embalagem diferenciada para que não se confunda com os demais presentes no espaço. No nosso caso, utilizamos uma fita dourada e amarramos ao redor dele. Além disso, no ponto em que os animais vão procurar outro livro na história, os estudantes também devem fazer uma "caça ao livro na biblioteca", e a partir da seguinte descrição devem procurar: livro grande, vermelho, com um dragão na capa, com jeito de feito à mão. Pedir que tragam o livro para a mediadora, no qual haverá um recado do urso, conforme o que está no livro "de verdade". A partir dali, continuar a história.

Síntese: Um Coelho, um Rato, um Ouriço e uma Raposa leem sempre o mesmo livro antes de dormir, então decidem procurar outras histórias. Ao fazer isso, encontram um livro vermelho e ele passa a ser o seu preferido. No entanto, ele pertence ao Urso e eles descobrem isso a partir de um bilhete escrito no livro, então decidem devolvê-lo. Ao chegar na casa do Urso, eles notam que ele possui uma biblioteca gigantesca e acabam ficando por lá. Ao chegar em casa, no entanto, o Urso nota que seus livros foram usados por alguém, mas ao invés de ficar bravo com os animaizinhos, ele os convida para sempre ler com ele.

Intencionalidade: contribuir para a formação de leitores; provocar a percepção de que ler e compartilhar leituras pode ser uma atividade prazerosa; motivar os estudantes a compartilhar suas leituras favoritas ou aqueles que estejam fazendo.

Motivação: os alunos deverão encontrar o livro que será contado naquela tarde, relacionando com o que acontece na história que será apresentada.

Extrapolação: Pedir que os estudantes contem a sua história favorita oralmente.

Materiais necessários: um "livro" feito à mão (pode ser confeccionado com papel colorido e poucas folhas dentro, para diferenciá-lo dos demais livros da biblioteca). Ele deverá conter o recado do urso, presente na história e que motiva os animais a procurá-lo.

Leitura e escolha de títulos: Nesse momento os estudantes são convidados a usufruir do espaço da biblioteca onde realizam leituras, conhecendo o acervo e escolhendo livremente livros para empréstimo. (+-15min)

Referências

BISHOP, Poppy. A casa de livros do urso. Barueri, SP: Ciranda Cultural, 2017.

Atividade: Pequena coisa gigantesca, de Beatrice Alemagna
Período de realização/Local: 18/03 – 22/03, biblioteca
Público: 3º e 4º ano (estudantes entre 8 e 9 anos)
Metodologia: É realizada a leitura do livro juntamente com os sinais em LIBRAS. Na primeira vez em que a história é contada, os estudantes irão ouvir a história e acompanhar os sinais das palavras lidas em voz alta. Em um segundo momento, eles serão motivados a realizar os sinais junto com as mediadoras.
Síntese: Uma pequena coisa passa por todo lado, está em toda parte. Mas nem todos a veem, nem todos a reconhecem. No entanto ela é enorme, gigantesca. O que será essa pequena coisa gigantesca?
Intencionalidade: contribuir para a formação de leitores; proporcionar momentos de prazer com a leitura; exercitar a criação de hipóteses sobre uma história; apresentar a LIBRAS para os estudantes.
Motivação: os estudantes serão convidados a pensarem e dizerem o que poderia ser algo pequeno e gigantesco ao mesmo tempo. A partir do que eles forem respondendo, irá sendo dito se está próximo ou não do que está no livro, sem contar o que realmente é.
Extrapolação: conversar com os estudantes sobre a forma de comunicação dos surdos e ensinar alguns sinais em LIBRAS, principalmente os relacionados à história que acabaram de ouvir.
Leitura e escolha de títulos: Nesse momento os estudantes são convidados a usufruir do espaço da biblioteca onde realizam leituras, conhecendo o acervo e escolhendo livremente livros para empréstimo. (+-15min)

Referências

ALEMAGNA, Beatrice. A pequena coisa gigantesca. São Paulo: WMF Martins Fontes, 2014.

- Exemplo de planejamento de mediação de leitura com 5º ano:

Atividade: A fantástica fábrica de chocolate, de Roald Dahl
Período de realização/Local: fev-jul/2019, biblioteca, sala de vídeo, espaços da escola
Público: 5º ano (estudantes entre 10 e 11 anos)
Metodologia: A história será contada com o livro, sendo lidos um ou dois capítulos por semana, e serão realizadas ações que busquem envolver os estudantes na história. Será seguido o seguinte cronograma:
8/03: CAP 1
15/03: CAP 2 e 3
22/03: CAP 4 e 5 (JORNAL WILLY WONKA)
29/03: CAP 6 e 7 (CUPONS DOURADOS)
5/04: CAP 8 e 9
12/04: CAP 10 e 11
26/04: CAP 12, 13 e 14
3/05: CAP 15 e 16 (Confecção de personagens)
10/05: CAP 17 e 18
24/05: CAP 19 e 20
31/05: CAP 21 e 22
7/06: CAP 23 e 24
14/06: CAP 25 e 26
28/06: CAP 27 e 28
05/07: CAP 29 e 30
11/07: os estudantes assistirão ao filme A Fantástica Fábrica de Chocolate (2005)
18 e 19/07: distribuição de chocolates e bilhetes escritos pelos estudantes
Jornal Willy Wonka: será confeccionada uma imitação de jornal de época com a manchete e a notícia presentes no livro. Assim, os estudantes

poderão observar e ter contato com o material, aguçando a curiosidade sobre a história.

Cupons dourados: será confeccionado um cupom dourado (impresso em papel comum e com papel dourado colado na parte de trás) para cada turma, convidando-as para o próximo encontro na Biblioteca. Além disso, será comprada uma barra de chocolate para cada turma de 5º ano, embalada em papel pardo junto ao cupom e entregue na sala de aula para que seja aberto e se descubra o conteúdo do pacote.

Confecção de personagens: a turma será dividida em cinco grupos. Cada grupo ficará responsável por desenhar um dos felizardos ganhadores do cupom dourado, ilustrando-os da forma como os imaginaram. Esses personagens criados ficarão expostos na biblioteca.

Confecção de bilhetes e distribuição de chocolates pela escola: após o término da história, será feita uma conversa sobre as características dos personagens, o que é possível compreendermos da vida de Charlie e o valor que ele dava para as coisas que recebia. Em seguida, os estudantes serão convidados a escrever um pequeno bilhete para entregar junto a um chocolate para alguém na escola, como uma forma simbólica de encerrar as atividades sobre o livro que nos acompanhou pelo semestre e também ter a oportunidade de adoçar a vida de alguém, assim como o livro adoçou a nossa.

Síntese: Charlie Bucket é de uma família muito pobre e mora com seus pais e avós próximo de uma Fábrica de Chocolates. Essa fábrica não é como todas as outras, pois nela se produzem as coisas mais maravilhosas e impossíveis do mundo, no entanto, ela é um mistério, pois ninguém nunca entrou lá. Certo dia, seu dono, Willy Wonka, resolve dar a chance de conhecer a fábrica a cinco crianças sortudas que encontrarem seus cupons dourados em um tablete de chocolate. Charlie encontra um deles e tem a chance de conhecê-la. Lá dentro, no entanto, acontecem muitas loucuras e os participantes do tour vão sendo expulsos da fábrica (principalmente devido a seus comportamentos), restando somente o pequeno Charlie que, ao final da jornada, recebe a notícia de que será o novo dono da fábrica.

Intencionalidade: contribuir para a formação de leitores; despertar o interesse na leitura de clássicos; trabalhar a leitura de palavra e de audiovisual.

Motivação: Antes de iniciar a história, será realizada uma conversa sobre a história que muitos já devem ter ouvido falar, mas nunca leram o livro, sendo perguntado o que já ouviram sobre a história. Depois, será feita uma breve exposição sobre o autor, o período em que a história foi publicada e a importância dela para a literatura infanto-juvenil.

Extrapolação: Será exibido o filme lançado em 2005, baseado no livro e, em seguida, será feita uma conversa sobre as diferenças entre o livro e o filme, além de serem levantadas hipóteses do porquê dessas diferenças. Além disso, na semana seguinte, os estudantes serão convidados a escreverem um bilhete com uma mensagem positiva que a história deixou para eles e entregar para alguém na escola, junto a um chocolate (como um Bis, por exemplo), como uma forma simbólica de finalizar as atividades sobre o livro.

Materiais necessários: página de jornal e cupom dourado que podem ser feitos no computador e impressos; uma barra de chocolate para cada turma; folhas de ofício; caixas de Bis para distribuição.

Leitura e escolha de títulos: Nesse momento os estudantes são convidados a usufruir do espaço da biblioteca, onde realizam leituras, conhecendo o acervo e escolhendo livremente livros para empréstimo. (+-15min)

Referências:

DAHL, Roald. A Fantástica Fábrica de Chocolate. São Paulo: Martins Fontes, 2005.

A título de encerramento

Como foi possível observarmos, as mediações de leitura propostas contam com a utilização de materiais de fácil acesso e sempre podem ser adaptadas à realidade de cada escola. Ressaltamos, no entanto, a importância do planejamento do trabalho com o texto, a fim de que o mediador o conheça e possa, assim, deixar-se encantar e encantar os estudantes com a leitura. Além disso, julgamos que o planejamento seja importante também para que as atividades de motivação e extrapolação estejam em sintonia com a proposta de formação do leitor e que proporcionem ao estudante um momento de prazer e fruição com o texto, sabendo que aqueles momentos têm um motivo de existir. Assim, propomos que o planejamento não seja uma "receita de bolo", estagnada, pois há que se avaliar como cada turma reage a um texto e as possibilidades de cada espaço, por exemplo. O planejamento vem para nortear as atividades desenvolvidas, fazendo com que as ações contenham motivos e objetivos claros, não para limitá-las.

É importante frisar que os planejamentos aqui apresentados são um recorte do trabalho realizado durante o ano nas turmas explicitadas, como um exemplo dos pontos que julgamos importantes para planejar uma atividade de mediação de leitura. Isso quer dizer que ao longo do ano outras histórias são contadas e, além disso, outras atividades são realizadas nos dias em que não há essa atividade de contação, como os próprios estudantes compartilharem o que leram na semana, se gostaram do título que levaram para casa na semana anterior, etc. Todas essas atividades fazem parte do que compreendemos ser nosso trabalho enquanto biblioteca escolar.

Dessa forma, ao encerrar este trabalho nos propomos, na verdade, a recomeçar, pois compreendemos que o trabalho com a leitura é muito precioso para ser fechado e encerrado como se fosse um assunto fácil de tratar. Entendemos os limites que o trabalho na biblioteca escolar possui, tendo em vista que ficamos com cada turma somente cinquenta minutos de sua semana, mas ainda assim não deixamos de acreditar na diferença que os momentos proporcionados nesse espaço podem fazer na formação leitora dos estudantes. Essas histórias e ações ligadas à leitura ficam na memória afetiva das crianças, que constantemente retomam e voltam às histórias ouvidas e lidas como algo que marcou um período de sua vida.

Além disso, julgamos de suma importância a troca de informações entre bibliotecas e o intercâmbio de ideias, a fim de fortalecermos o trabalho e a formação de educadores que atuam nesse espaço, sejam eles bibliotecários ou não. Salientamos ainda que a troca de ideias traz novas versões e opções que podem ser remodeladas e feitas em cada biblioteca de forma diferente, já que quem trabalha com leitura não necessariamente deve inventar a roda todos os dias, mas estar disposto a se reinventar a cada mediação, a fim de que leitores encontrem suas histórias e vice-versa.

Referências

COSSON, Rildo. **Letramento literário**: teoria e prática. São Paulo: Contexto, 2018.

FAILA, Z. **Retratos da leitura no Brasil**. Rio de Janeiro: Sextante, 2016. Disponível em: http://prolivro.org.br/home/images/2016/RetratosDaLeitura2016_LIVRO_EM_PDF_FINAL_COM_CAPA.pdf. Acesso em 6 ago. 2019.

LAJOLO, Marisa. **Literatura:** ontem, hoje, amanhã. São Paulo: Editora Unesp, 2018.

LOIS, Lena. **Teoria e prática da formação do leitor**. Porto Alegre: Artmed, 2010.

ROCA, Glória Durban. **Biblioteca escolar hoje**: recurso estratégico para a escola. Porto Alegre: Editora Penso, 2012.

SANTOS, Fabiano dos; MARQUES NETO, José Castilho; RÖESING, Tania. (org.) **Mediação de leitura:** discussões e alternativas para a formação de leitores. São Paulo: Global, 2012.

- CAPÍTULO SEIS –

OS PERCURSOS POÉTICOS E AFETIVOS DE UM MEDIADOR DE LEITURA OU DE COMO ME TORNEI UM MEDIADOR OU DE COMO A SENSIBILIDADE ATRAVESSA O TRABALHO CULTURAL

Felínio Freitas

> *Voltar a página. Não virá-la. Ficar no meio. No canto. Na quietude da página que não é anterior nem posterior. Deter-se. Nem no que já foi lido, nem no que se está por ler. O estremecimento do que acaba de ir-se. A incerteza do que virá. A isso também se pode chamar, sobretudo, leitura.* (SKLIAR, 2014, p.65).

Como definir um Mediador de Leitura? Que caminhos levam uma pessoa a se tornar Mediador de Leitura? Quais atravessamentos poéticos, estéticos e afetivos esse sujeito carrega consigo? Quais os desafios desse profissional num espaço não formal, ou seja, atuando dentro de indústrias e enfrentando os mais diversos contextos, tempo, ouvindo vozes contrárias a sua permanência ali?

Ao tentar definir a complexa teia de sentidos que define o que são Mediadores de Leitura Yolanda Reys (2019, não paginado) faz a seguinte afirmação:

> Os mediadores de leitura são aquelas pessoas que estendem pontes entre os livros e os leitores, ou seja, que criam as condições para fazer com que seja possível que um livro e um leitor se encontrem. A experiência de encontrar os livros certos nos momentos certos da vida, esses livros que nos fascinam e que nos vão transformando em leitores paulatinamente, não tem uma rota única nem uma metodologia específica; por isto os mediadores de leitura não são fáceis de definir.

Coelho (2012, p. 268) define a tarefa de mediação cultural como uma ação sujeita a promover a aproximação entre pessoas ou coletividade e obras de cultura de arte: "Essa aproximação é feita com o objetivo de facilitar a compreensão da obra, seu conhecimento sensível e intelectual – com o que se desenvolvem os apreciadores ou espectadores, na busca da formação de públicos."

Durante a Mediação de Leitura, os corpos têm como meta serem "atravessados" por uma possibilidade de leitura-diálogo sobre os livros que estão ali espalhados pelas mesas. Observo corpos que passam e não olham, não são "atravessados"; corpos que se deslocam apressados, que manipulam o celular, alheios ao que ocorre no entorno - mesmo sendo provocados, interrompidos; corpos que verbalizam que não querem ler. Pergunto-me sempre como mediador: serão barreiras sociais, culturais por não terem sido "tocados" durante a infância pelo desejo de conhecer o mundo de diferentes maneiras? Diante disso também (me) questiono: como foi minha abordagem com essas pessoas?

Aproveito esses momentos não só para falar sobre leituras, mas para conversar sobre diferentes assuntos (arte, cinema, fatos do cotidiano, política, o tempo, o trabalho daquela pessoa, dentre outras questões). São estratégias para gerar diálogos, ou seja, são "narrativas-mediadoras; como valises, carregadas de outros, que aproximam nossas histórias com tantas outras, tecendo fios que nos levam ao território expandido da arte & cultura" (MARTINS, 2012, p. 63).

Penso nestes processos gerados a partir dos livros ali expostos como encontros capazes de vincular, de conectar, de interligar, de integrar, de dialogar; tendo como principal meta a mediação cultural, num processo de muitos para muitos (falar **com** e não falar **para**). Creio que isso desmistifica o objeto livro, permite o acesso via mediação cultural para uma formação de público para uma "vivência livre, para autonomia criativa, para a inclusão e diversificação de acessos à cultura" (WENDELL, 2013, p. 7).

A preparação para a mediação começa na escolha do livro (objeto gráfico, ilustrações, as relações entre texto e imagem, metáforas que podem ser criadas por aquelas obras), passa por pensar no perfil do público leitor e na preparação para o encontro com o público leitor. O principal, neste encontro, é ouvir as falas, desejos e gestos.

Memórias sobre minha primeira mediadora de leitura e como isso me sensibilizou para o mundo/livros

Olhando para o meu percurso enquanto profissional da área de mediação cultural e de leitura, concluo que quem mediou os primeiros livros, histórias, de forma intuitiva/amorosa/prazerosa, foi a minha avó paterna, Petronilha Guimaraes, que sem "pedagogizar"/sem ter a intenção de catequizar/de dizer que "aquilo era "útil", de moralizar a leitura deixou a "sementinha dos livros" e a sede pelo conhecimento em minha vida. Depois vejo que essa tarefa foi continuada pela minha mãe e por alguns educadores que cruzaram meu caminho.

Minha avó dizia nas entrelinhas sobre o fascínio do conhecimento, de outros mundos/pessoas/lugares/vidas que existiam além da CAATINGA da Fazenda Calderãozinho, do SÉMI-ÁRIDO BAIANO. Nada era forçado, ao contrário do processo escolar das leituras e suas imposições, que acabavam criando um não prazer/ falso gozo com a leitura (lemos mas não lemos. Só engolimos palavras. Repetimos frases).

Dizer palavras para ela era chamar a atenção para o mundo: para as "pequenas" coisas da vida. Minha avó tinha uma mala recheada de calendários, almanaques, livros, bugigangas de viagens e muitos outros mimos. Ela falava de histórias de assombrações, de cantigas de roda, sobre as flores e plantas do seu pequeno oásis no fundo do quintal. Ela lia o mundo em voz alta para ressignificar a vida, para dizer a vida; e trazia a sensação de mundo, de estar no mundo e tentar entendê-lo.

Na Bahia, antes de leitor de livros físicos, aprendíamos pela oralidade/mediação e leitura de mundo. Tudo isso estava presente nos cantos, nas rezas, nos sambas de roda, nas cantigas do Candomblé de Caboclo, nas cantigas das festas juninas, no jeito de colher o feijão, de tanger a boiada, de ouvir os passarinhos...

Livros em casa eram raros, mas via como os poucos que passavam por ali eram tratados e cuidados. Diante dessa escassez, embalagens de latas de óleo, bula de remédio, latas de querosene e quaisquer papéis impressos serviam para incentivar diversas histórias. O único livro a que crianças da região tinham acesso era o didático - que trazia alguns trechos de histórias, como por exemplo, "Marcelo, Marmelo, Martelo", de Ruth Rocha. Bibliotecas não existiam nem nas escolas da cidade, nem na comunidade rural onde morávamos.

Desde menino, entre uma torra de café no terreiro, a raspagem da mandioca ou a colheita do feijão fui aprendendo que ouvir era o segredo da vida - mais do que falar. Os silêncios da caatinga, do vento, da cancela batendo, da chuva caindo, da minha mãe lavando roupa no lajedo eram mais importantes do que a fala humana cheia de ego/fúria... Silêncios me atraíam, assim como as "pessoas silenciosas". Depois, encontrei esse silêncio e essa "delicadeza" da beleza do mundo, das relações humanas e sua complexidade nas páginas dos livros.

Como as experiências de infância reverberam no meu ofício de Mediador de Leitura

Há quase dois anos tenho cruzado o chão de algumas fábricas de Franca, interior de São Paulo, observando mãos que viram páginas, mãos que buscam livros, mãos que também se recusam a tocar em livros (todo leitor e não leitor tem esse direito). Essas mãos martelam/costuram/colam o couro para fazer sapatos. Trabalho na Caixa de Cultura, projeto de Difusão Literária do SESI-SP, que existe desde 1948 e que busca fomentar a prática leitora e a apreciação artística; e nesse tempo já cruzei com muitas pessoas em diferentes níveis de leitura (avançada, iniciante, "adormecida") e não leitores, mas só esperando serem fisgados por uma boa conversa ou leitura de trecho de uma história para levar um livro dentro da mochila no final do expediente.

Em Franca, a Caixa de Cultura existe desde o começo da década de 1990 e, atualmente, 42 empresas são atendidas. Cada Caixa recebe cerca de 40 a 100 livros de diversos gêneros literários como: romance, histórias em quadrinhos, arte, literatura infantil e infantojuvenil, biografias, administração, dentre outros. Os títulos permanecem na empresa por um prazo de no mínimo 04 meses e de no máximo 06 meses para empréstimo gratuito. Depois, essas obras são trocadas por um novo acervo. Atualmente são mais de 4.500 livros espalhados por essas indústrias de Franca e cidades como Guaíra, Nuporanga e São Joaquim da Barra, todas interior de São Paulo.

Entre idas e vindas, nessas mediações de leitura, já cruzei com Joãos, Felipes, Marias, Evaldos, Joanas, Julias, Claras... Às vezes, o menos importante de tudo é o livro/leitura (isso não é loucura!) e o mais importante são as histórias que essas pessoas me contam e que poderiam virar livros. Mediar é isso: quase o sertão de João Guimarães Rosa-amplidão/vastidão/desejo/encontro/afeto/memória: uma infinidade de mundos e de possibilidades.

São sujeitos com identidades móveis, sujeitos em transformação diante dos desafios da vida. Sobre usar a história, a linguagem e a cultura, como recursos e estímulos para provocar novos sentidos, Hall (2002) diz que tem a ver não tanto com as questões ´quem somos` ou ´de onde nós viemos`, mas muito mais com as questões ´quem nós podemos nos tornar`, como nós temos sido representados` e ´como essa representação afeta a forma como nós podemos representar a nós próprios.

Nas mediações de leitura, que sempre ocorrem no horário do almoço, os livros são espalhados numa mesa no refeitório e junto ao Agente de Leitura, colaborador da empresa que cuida da Caixa de Cultura, é o momento de apresentar o novo acervo que está chegando na empresa e também realizar empréstimos, realizar a leitura de trecho de algum livro, ler um livro infantil inteiro ou até mesmo um poema. A sensação que tenho quando começo a declamar alguma poesia ou trecho de alguma história é como se as palavras abrissem uma fenda e parassem o tempo, como se a poesia/palavra dita criasse um "oásis" de carinho e afeto. Sinto isso no olhar das pessoas e no que ouço depois.

A palavra quando bem usada provoca o encanto, faz uma ruptura, conecta, refaz a ponte entre sentimentos latentes ou adormecidos. Em Coelho (2012, o. 28) conclui-se que "A cultura, em suas manifestações radicais (como a arte), procura e viabiliza o êxtase, o sair para fora de si, sair do contexto em que se está para ver outra coisa, para ver melhor, para ver além, para enxergar sobre, acima, por cima, para ver por dentro".

Em nossos encontros falamos sobre as histórias que estão ali paradas/gravadas nos livros e que precisam desse sopro, desse olhar/leitor para ganhar a cabeça/mundo/coração de quem lê. O meu desejo é de que algumas dessas histórias/páginas guiem essas pessoas para perguntas, respostas e novos olhares.

Martins nos ajuda a pensar sobre o ato de mediar e como essas experiências se entrelaçam as nossas histórias individuais (o que trazemos? o que levamos? como nossas experiências pessoais se juntam as experiências coletivas ali no momento da mediação? o que levamos após esses encontros?):

> a narrativa-mediadora parte da memória individual (...), para construir uma nova experiência narrativa que leva em consideração a escuta e a fala de si e do outro. (...) Desse movimento, novas histórias nascem e inéditas percepções sobre o vivido são redimensionadas (MARTINS, 2012, p. 63).

Ouvir outras vozes durante a mediação interrompendo a leitura, questionando, é como ouvir pássaros que gorjeiam no ninho: outras falas e sons querendo ser ouvidos com dignidade e escuta (de ouvir mesmo). Essas vozes/sussurros que gorjeiam diante de tamanha violência do Estado/sociedade, de lutas/pressões internas podem parecer estranhas à primeira vista, mas são vozes humanas como as nossas, que, às vezes, ousamos esquecer e silenciar; fingir que não estão lá/ali/aqui do nosso lado: até quando? A palavra ainda "salva" um pouco de humanidade latente/solta/escondida lá no fundo de alguma alma.

A partir destas vivências, compreendo que entregar o novo acervo da Caixa de Cultura nas empresas e fazer mediação de leitura não é somente entregar a "história congelada" no livro, mas é também o momento de ouvir as histórias dos possíveis leitores sobre filhos, sobre leituras, sobre viagens, dores, sobre filmes e séries, amores ou até mesmo sobre a não paciência para ler um livro. Essas pessoas/leitores me falam sobre a vida/sobre estar no mundo! Às vezes sinto que não sei nada da vida diante de tantas histórias, que soam como um trovão nos meus ouvidos. Meu mundo é pequeno diante dessa imensidão de falas. Eu olho para esses leitores e penso que eles poderiam ser um livro de Clarice Lispector, um poema de Sophia de Mello Breyner Andresen ou de João Cabral de Melo Neto, que ganharam vida/asas e estão soltos por aí com suas histórias de amores, perdas, de dores, de recomeços, de fins... Gente é livro!

Tudo isso vira experiência, vira memória mediadora, repertório de corpos, gestos e ações leitoras. "A experiência é o que nos passa, o que nos acontece, o que nos toca. Não o que se passa, não o que acontece, ou o que toca (LARROSA BONDIA, 2002, p. 21).

Algumas dessas vozes encontram eco/morada nos livros que estão ali em cima das mesas ao alcance desses operários/trabalhadores. Muitas dessas falas ecoam no meu peito e eu preciso ler, ali no momento, algo para "adormecer/ninar" essas vozes e para dar lugar a um entendimento (ou não). No fim, eles seguem para mais um turno de trabalho e eu sigo com aquelas histórias gravadas na minha vida. Eles levam livros e eu levo histórias de vida:

> Por isso, além de livros, um mediador de leitura lê seus leitores: quem são, o que sonham e o que temem, e quais são esses livros que podem criar pontes com suas perguntas, com seus momentos vitais e com essa necessidade de construir sentido que nos impulsiona a ler, desde o começo e ao longo da vida (REYS, c.2019, não paginado)

Nas mediações lemos poemas ou breves trechos de livros que estão na Caixa de Cultura e sempre vem a pergunta: quer saber o final dessa história? Leve o livro com você!

Depois da primeira Mediação que fiz em 2017, saí emocionado. Era o aniversário de uma senhora, que estava lá no canto varrendo o refeitório, com o olhar muito distante. Quando ela terminou de varrer e se sentou para almoçar na mesa em que eu estava, alguém disse que ela estava fazendo aniversário. Dei os parabéns, disse que gostaria de ler algo como "presente", ou que ela poderia pedir uma poesia sobre qualquer tema (amor, criança, bicho, família, Deus, amigos). A mulher disse que gostaria de ouvir algo que "tivesse cheiro de terra" e infância. No momento, tinha em mãos o livro "Alguma poesia", de Carlos Drummond de Andrade, e li para ela o poema "Cidadezinha qualquer":

Casas entre bananeiras
mulheres entre laranjeiras

pomar amor cantar.
Um homem vai devagar.
Um cachorro vai devagar.
Um burro vai devagar.
Devagar... as janelas olham.
Eta vida besta, meu Deus (ANDRADE, 1992, p. 67).

Ao ler o poema, a senhora olhou dentro dos meus olhos com ternura, silêncio e carinho. Ocorreu uma conexão mágica naquele momento. Em seguida, ela me disse que com o que eu havia dito, lembrou-se da infância, das brincadeiras com os irmãos, dos bichos correndo no quintal. Entendi que essa foi a resposta de que ela tinha entrado dentro do poema e o poema tinha atravessado seu coração como uma flecha.

Nesse entrelaçamento entre os sentimentos do escritor/leitor final/ouvinte, Cavallo e Chartier (1998, p. 49) acreditam que:

> Ler é como colocar a sua própria voz à disposição do escrito (em última instância, do escritor). É ceder a voz pelo instante de uma leitura. Voz que o escrito logo torna sua, o que significa que a voz não pertence ao leitor durante a leitura. Este último a cedeu. Sua voz submete-se ao escrito, une-se a ele.

Ler para adultos durante a Mediação de Leitura é um momento de partejar carinho e histórias, palavras e livros; de criar humanidade, laços diante de tamanha mecanicidade que o ser humano enfrenta no dia a dia! Esse trabalho/ofício/paixão pode ser resumido numa frase da cantora Maria Bethânia no seu "Caderno de poesia":

> Sei que ler, ouvir, dizer poesia hoje, nesse tempo de tanto desapego, tanta correria é uma tarefa difícil. É como provocar o mundo, ofender o mundo, vivemos como se não coubesse mais o silêncio, as delicadezas. Mas, ainda cabem e isso me comove e me atrai (BETHÂNIA, 2015, p. 31).

Enquanto adentro esses chãos de fábrica e me encontro com operários, penso na emoção vivida pelos enroladores de charuto em Cuba no final do século 19 ao ouvirem algumas histórias da boca de algum ledor. Numa manobra audaciosa, o poeta e charuteiro Saturnino Martinez criou o jornal "La Aurora", que trazia textos literários, poesias, textos científicos e política como meio de informar os operários da indústria de charutos. Todavia, o número de analfabetismo em solo cubano era enorme (somente 15% da população sabia ler). A solução encontrada foi de fazer essas informações circularem e ganharem vida pela fala e voz do ledor, que lia essas notícias enquanto os funcionários enrolavam os charutos. Segundo Manguel (1997), essas leituras, as escolhidas pelos operários, que também pagavam o ledor, passavam por histórias de tratados políticos a romances, poesia clássica e moderna. O único combinado durante essas sessões era de que o ledor não poderia ser interrompido.

Minha avó se foi...mas ela mora no meu "ninho" e nas minhas leituras! Eu sigo por aí...lendo trechos de livros, entregando livros, sendo escutado e ouvindo muitas histórias.

Referências

ANDRADE, Carlos Drummond de. **Alguma Poesia.** Poesia e Prosa. Rio de Janeiro: Nova Aguilar, 1992.

CHARTIER, Roger.; CAVALLO, Guglielmo (Org.) **História da leitura no mundo ocidental 1**. São Paulo: Ática, 1998.

CADERNO DE POESIA - MARIA BETHÂNIA. Belo Horizonte: Editora UFMG, 2015.

COELHO, Teixeira. **Dicionário Crítico de Políticas Culturais**. São Paulo: Iluminuras, 2012.

COELHO, Teixeira. **O que é ação cultural.** São Paulo: Brasiliense, 2012.

HAAL, Stuart. **A Identidade cultural na pós-modernidade**. Rio de Janeiro: DP&A Editora, 2002.

MANGUEL, Alberto. **Uma história da leitura**. Trad.: Pedro Maia Soares. São Paulo: Companhia das Letras, 1997.

MARTINS, Mirian Celeste (Org.). **Pensar juntos mediação cultural:** [entre]laçando experiências e conceitos. São Paulo: Terracota. 2014.

LAROSSA BONDIA, Jorge. Notas sobre a experiência e o saber de experiência. **Revista. Brasileira de Educa**ção**,** n.19, 2002, p. 20-28. Disponível em: http://www.scielo.br/pdf/rbedu/n19/n19a02.pdf. Acesso em: 23 jul. 2019.

REYS, Yolanda. **Mediadores de leitura**. Disponível em: http://ceale.fae.ufmg.br/app/webroot/glossarioceale/verbetes/mediadores-de-leitura. Acesso em: 23 jul. 2019.

SKLIAR, Carlos**. Hablar con desconocidos**. Barcelona: Candaya, 2014.

WENDELL, Ney. **Estratégias de Mediação cultural para formação de público**. Salvador: Fundação Cultural da Bahia. 2013.

- CAPÍTULO SETE –

BIBLIOTERAPIA E A MEDIAÇÃO AFETUOSA DA LITERATURA: EXPERIÊNCIAS DE BIBLIOTECÁRI@S EM BIBLIOTECAS

Carla Sousa

Introdução

Falar de literatura é, sobretudo, falar sobre o que é humano. Mediar a leitura literária é, para mim, promover o encontro do mediador e do leitor com a sua humanidade. Atividade que envolve a mobilização dos afetos. Na minha trajetória enquanto mediadora de leitura, encontrei na Biblioterapia o alicerce que me deu base para ir construindo a ponte do sensível entre o texto literário e o leitor. Passados alguns anos dessa caminhada, depois de me especializar nessa área e contribuir para a formação de outros mediadores sob a perspectiva biblioterapêutica, percebo que a Biblioterapia vem contribuindo para sensibilizar o olhar dos profissionais para a literatura e, consequentemente, mobilizar afetos e cuidar do ser humano.

Neste artigo, apresento experiências de profissionais da Biblioteconomia que vêm atuando com a mediação de leitura literária a partir dos princípios da Biblioterapia no contexto das bibliotecas onde trabalham. O objetivo é verificar de que forma o conhecimento da Biblioterapia pode afetar o trabalho do bibliotecário enquanto mediador da leitura literária.

Como metodologia, foi aplicado um questionário eletrônico com as seguintes perguntas:

- Qual o diferencial de trabalhar a literatura sob um ponto de vista terapêutico, que visa o cuidado com o ser humano?
- Para você, enquanto aplicador (a) de biblioterapia, o que é preciso levar em conta na escolha do texto e na relação com o público em se tratando de uma atividade biblioterapêutica?
- O seu contato com a Biblioterapia mudou o seu olhar em relação à literatura e à mediação de leitura? Explique.

Participaram da pesquisa, de forma voluntária, três bibliotecárias e um bibliotecário que trabalham em bibliotecas de instituições públicas. Os participantes concordaram em revelar sua identidade para fins deste artigo, são eles: Cleoci Schneider do Instituto Federal do Paraná (IFPR) da cidade de Capanema; Karin Vanelli da Universidade do Estado de Santa Catarina (Udesc) campus de Balneário Camboriú; Elisângela Mota Pires do Instituto Federal Sul-rio-grandense (IFSul) de Camaquã e Evandro Jair Duarte da Biblioteca Pública de Santa Catarina localizada em Florianópolis. Aos quais agradeço pela disponibilidade e pela generosidade em compartilhar suas experiências contribuindo assim para que outros profissionais sintam-se motivados a conhecer e aplicar a Biblioterapia no trabalho de mediação da leitura literária.

Inicialmente, farei um breve percurso teórico passando pela Biblioterapia, literatura e dimensão humana e afetuosa da leitura literária e da prática biblioterapêutica. Em seguida, apresento os depoimentos e as discussões sobre os temas abordados pelos participantes. Por fim, trago as minhas considerações finais.

Biblioterapia e a dimensão humana e afetuosa da literatura

A Biblioterapia como área de pesquisa e atuação vem ganhando força no Brasil nos últimos anos. E é importante destacar o protagonismo de bibliotecárias ao longo da história no sentido de expandir o conhecimento sobre a temática, dentre as quais eu cito Ângela Maria Ratton, que publicou o primeiro artigo sobre o tema no Brasil na década de 70; Eva Maria Seitz, bibliotecária que levou a Biblioterapia para o Hospital Universitário da Universidade de Santa Catarina e defendeu dissertação sobre o tema em 2005; e a bibliotecária e professora de Biblioteconomia da UFSC, Clarice Fortkamp Caldin, que dedicou o mestrado e o doutorado ao estudo do tema e se tornou uma referência na área, com um livro e diversos artigos publicados.

E para definir o que é Biblioterapia vou na fonte da professora Clarice F. Caldin por se tratar da definição que mais se aproxima daquilo que acredito ser a essência da Biblioterapia. Para Caldin (2010) a Biblioterapia é o cuidado com o desenvolvimento do ser humano por meio das histórias, sejam elas lidas, narradas ou dramatizadas. Vale ressaltar que Caldin considera apenas os textos literários - contos, poesias, crônicas, romances – como possuidores de um caráter terapêutico. E é esse aspecto que irei enfatizar ao longo deste artigo. No entanto, reconheço que existem profissionais que admitem a utilização de outros materiais de leitura, a exemplo de livros de auto-ajuda, jornais e revistas, como recurso no trabalho biblioterapêutico. Mas, eu enquanto pesquisadora e, sobretudo, enquanto leitora, sei que as histórias literárias têm um poder que reside na linguagem simbólica e metafórica.

Compreendido o conceito e o que está por trás dele, cabe então entender de que forma a Biblioterapia pode ser aplicada por bibliotecários no seu trabalho de mediação da leitura literária. Primeiro pré-requisito fundamental para qualquer profissional que se interesse pelo tema, é gostar do aspecto humano e social da profissão. Segundo, é preciso querer ajudar as pessoas no seu desenvolvimento enquanto seres humanos. Terceiro, tem que gostar de ler literatura. Por fim, o profissional deve estar disposto a mexer com suas próprias emoções para que possa atingir o outro naquilo que traz de mais humano: os afetos.

O facilitador desse encontro, ou o mediador, é chamado de aplicador de Biblioterapia, um termo criado por Caldin (2010) e difundido entre os profissionais que trabalham com a Biblioterapia de Desenvolvimento, aquela que pode ser aplicada por profissionais como bibliotecário, professor, pedagogo, dentre outros, com grupos de pessoas e que se volta para questões próprias de todos os seres humanos. Esse tipo se difere da Biblioterapia Clínica que é praticada num contexto individualizado, em consultório, por profissionais especializados como psicólogos, psiquiatras e psicanalistas e que tem como foco questões pessoais abordadAs pelo indivíduo num contexto de tratamento. Neste artigo, abordo o primeiro tipo, por se tratar da seara do bibliotecário.

Dentre as qualidades que o aplicador de Biblioterapia deve ter Caldin (2010) cita: empatia, saber escutar o outro, ser flexível, ter boa saúde física e psicológica, bom caráter, conhecimento de textos literários e embasamento teórico.

Em relação ao público, pode-se dizer que a Biblioterapia está voltada para qualquer pessoa. Pois, como afirma Caldin (2010, p. 62):

> A Biblioterapia é válida tanto para o doente efetivamente diagnosticado como doente (internado ou não num hospital), como para o ser que não percebe, de fato, como seu equilíbrio está comprometido, mas sente que lhe falta algo - essa falta indica que não está são e, portanto, necessita recuperar o seu equilíbrio, pois somente o ser são está completo.

Outro aspecto importante para ser enfatizado é a diferença entra a contação de histórias - chamada de Hora do Conto em muitas bibliotecas

– e uma atividade de Biblioterapia. O encontro biblioterapêutico vai além do simples compartilhamento de um texto literário, seja por meio da leitura, narração ou dramatização. Um encontro que tenha por objetivo a partilha da potência terapêutica da literatura não acaba com o fim da história. É aí onde tudo começa. "A Biblioterapia vai além, prioriza ouvir o novo texto que foi criado por cada um dos envolvidos. Em outras palavras: significa uma troca de experiências sem perder de vista a individuação do sujeito, ou seja, enseja o diálogo" (CALDIN, 2010, p. 15). E são os recursos próprios da linguagem literária que possibilitam esse diálogo e que convidam o indivíduo a se colocar como um ser ativo diante da história.

Como afirma Petit (2009, p. 116): "A literatura fornece um suporte notável para despertar a interioridade, colocar em movimento o pensamento, relançar a atividade de simbolização, de construção de sentido, e incita trocas inéditas". A literatura entendida sob esse aspecto, com essa força, vai muito além do que comumente é ensinado em sala de aula. Entender esse poder confere ao mediador outro olhar, outro significado e outro peso na relação com suas leituras e com o outro ser humano que participa do encontro com o texto. Nesse sentido, Petit (2009, p. 116) reforça que: "Muito além de uma ferramenta pedagógica, a literatura é aqui uma reserva da qual se lança mão para criar ou preservar intervalos onde respirar, dar sentido à vida, sonhá-la, pensá-la".

Vale ressaltar que a antropóloga francesa Michele Petit é reconhecida pelo seu trabalho de coletar experiências de mediação de leitura em contextos de crise vividos em diversos países, inclusive no Brasil, relatos que foram reunidos na obra A arte de ler – ou como resistir a adversidade. Nas experiências coletadas pela pesquisadora, está clara a relevância do mediador e da biblioteca na vida daquelas pessoas e daquelas comunidades, ao afirmar que: "Todo ser humano sente, de modo vital, necessidade de ter à sua disposição espaços onde encontrar mediações ficcionais e simbólicas" (PETIT, 2009, p. 116).

Tais palavras dialogam diretamente com as palavras do Antonio Candido que reivindicava que à literatura fosse conferido o status de direito de todo cidadão, por se tratar de "uma necessidade universal imperiosa" (CANDIDO, 2011, p. 182). Para ele,

> Se ninguém pode passar vinte e quatro horas sem mergulhar no universo da ficção e da poesia, a literatura concebida no sentido amplo a que me referi parece corresponder a uma necessidade universal, que precisa ser satisfeita e cuja satisfação constitui um direito. (CANDIDO, 2011, p. 177)

A posição de Candido (2011) em relação à literatura parte do princípio de que não é possível haver equilíbrio social sem a literatura e de que ela configura-se como um "fator indispensável de humanização".

Segundo ele, a literatura humaniza na medida em que "tira as palavras do nada e as dispõe como todo articulado", e essa organização da palavra "comunica-se ao nosso espírito e o leva, primeiro, a se organizar; em seguida, a organizar o mundo" (2011, p.179). É aqui, sobretudo, que reside a potência terapêutica da qual se ocupa a Biblioterapia e que vai além da dimensão individual. Candido nos lembra que é possível cuidar do outro por meio das palavras, por meio das histórias literárias, a fim de organizar as histórias pessoais, os afetos, e consequentemente o mundo, promovendo equilíbrio social.

Diante da atual conjuntura e corroborando com o pensamento de Candido, Gallian (2017, p.) afirma: "Neste contexto de embotamento afetivo e moral em que estamos vivendo, a literatura se ofereceria como um meio - alguns dirão até mesmo o único - de nos reencontrarmos com as fontes humanas da nossa existência e nos humanizarmos".

Essas fontes humanas estão intimamente ligadas aos afetos e à sensibilidade. Diante de um mundo tomado pela tecnologia, precisamos de algo, alguma habilidade, que nos diferencie das máquinas. E essa habilidade está dentro de cada um e pode ser despertada pela literatura e por mediações de leitura que prezem as relações humanas e os afetos. Reyes (2012, p. 26) afirma que necessitamos urgentemente "explorar o fundo de nós mesmos e, a partir dessa região, nos conectarmos com os outros, iguais e diferentes, que compartilham conosco as raízes humana". E a autora reforça:

> Embora ler literatura não transforme o mundo, pode fazê-lo ao menos mais habitável, pois o fato de nos vermos em perspectiva e de olharmos para dentro contribui para que se abram novas portas para a sensibilidade e para o entendimento de nós mesmos e dos outros. (REYES, 2012, p. 28)

E são essas portas que vêm se abrindo por meio da mediação afetuosa da literatura com base nos princípios da Biblioterapia. Pelo menos, é o que relatam os profissionais que foram entrevistados neste artigo. A seguir, apresento os relatos das três bibliotecárias e do bibliotecário que tiveram contato com a Biblioterapia e levaram a prática para seus locais de trabalho.

Relatos de profissionais: mobilizando afetos por meio da Biblioterapia

Os relatos aqui apresentados foram colhidos através de questionário eletrônico. Participaram da pesquisa as bibliotecárias Cleoci Schneider do Instituto Federal do Paraná (IFPR) da cidade de Capanema; Karin Vanelli da Universidade do Estado de Santa Catarina (Udesc) campus de Balneário Camboriú; Elisângela Mota Pires do Instituto Federal Sul-rio-grandense (IFSul) de Camaquã e o bibliotecário Evandro Jair Duarte da Biblioteca Pública de Santa Catarina localizada em Florianópolis.

O critério de escolha dos profissionais foi o fato de promoverem ou já terem promovido alguma atividade de Biblioterapia nos seus locais de trabalho. No caso da Biblioteca Pública de Santa Catarina e do IFPR – Capanema foram ações pontuais. Já segundo as bibliotecárias da Udesc e do IFSul-rio-grandense são atividades recorrentes, apesar de ainda não ter uma periodicidade pré-determinada.

Interessante observar que nem sempre o ambiente da biblioteca é o espaço escolhido para a atividade. Como foi o caso da Karin (Udesc) que realizou o encontro na sala disponível para reunião e eventos e Cleoci (IFPR) que promoveu o encontro na sala multifuncional da instituição pelo fato de possuir colchonetes, iluminação apropriada, ar condicionado e ter menos interferências. Já Evandro (BPSC) realizou a atividade no auditório da biblioteca e Elisangela (IFSul) no ambiente interno da biblioteca e no hall de entrada.

Vale ressaltar que para a realização de uma atividade de Biblioterapia a escolha do ambiente é de fundamental importância. Preza-se por um local silencioso e reservado que possibilite especialmente a recepção do texto literário e as trocas entre os participantes. Por isso, é compreensível que nem sempre o ambiente da biblioteca seja o mais adequado para receber a proposta, o que não inviabiliza a realização da atividade, cabendo aqui a criatividade do bibliotecário para pensar nas possibilidades de espaços que a instituição oferece.

Em relação ao diferencial de trabalhar a literatura sob um ponto de vista terapêutico, que visa o cuidado com o ser humano, ficou evidente na resposta dos entrevistados a dimensão afetiva e humanizadora que envolve a prática da Biblioterapia:

> O diferencial está no cuidado e na preocupação em ajudar a levar alívio a quem precisa de forma leve, lúdica, prazerosa por meio da leitura (ver), da narração (ouvir), da interpretação e diálogo (falar) e porque não do afeto e abraço (tocar), liberando a experiência dos sentidos humanos neste processo libertador. (Evandro - BPSC)

> Profundidade. Abordar a literatura como recurso terapêutico é atuar com maior profundidade na vida do sujeito que lê ou ouve a história narrada. Alcance. É ampliar o alcance de uma história

na vida do sujeito. Consciência. É ter consciência de que aspectos emocionais serão trabalhados no sujeito por meio da história. (Karin - Udesc)

Para mim, o diferencial deste ponto de vista da literatura, está relacionado ao fato de humanizar as relações, fazer a leitura tocar o humano e ele observar sua vida, ter empatia pelos outros. Fazer da leitura um instrumento de humanização, de amor e cuidado, consigo e com outros. (Elisângela - IFSul)

Além disso, um diferencial enfatizado por Cleoci (IFRP) é a liberdade dos participantes nesse encontro com o texto literário, onde eles estão livres para receber e processar a literatura e existe:

A possibilidade de abertura para as múltiplas interpretações sobre o texto ampliando sempre a visão que temos do mesmo, e da vida, a partir da percepção de cada um, das vivências de cada um e das demandas de cada um, não existindo certo ou errado. (Cleoci - IFPR)

O bibliotecário Evandro (BPSC) enfatiza ainda o aspecto da fala e a importância do diálogo sempre presente na atividade biblioterapêutica:

O cuidado com o ser humano realizado por meio da literatura está em mostrar que todos nós temos problemas e que de alguma forma precisamos nos abrir e pedir ajuda para pessoas-chave, pessoas que podem nos ajudar a enfrentar situações que nos afligem. A oportunidade da fala pode ser libertadora para muitas pessoas. A vivência de um encontro para dialogar sobre um texto e dele se abrir para experiências e como se livraram de problemas, de como puderam lidar com situações, que muitas vezes são difíceis de resolver sozinhos, mostra que não estamos e não precisamos estar sozinhos nesta vida, ainda mais diante das mazelas. (Evandro –BPSC)

Quando questionados o que é preciso levar em conta na escolha do texto as respostas foram unânimes. Todos afirmaram que é preciso levar em conta o gosto do público, conversar com os participantes e conhecer as temáticas mais relevantes para eles, para então proceder a escolha do texto e preparação do encontro:

> Cuidar em selecionar textos que possam ser do agrado dos participantes da vivência (realizar uma pesquisa informal antes sobre gostos e interesses leitores). (Evandro –BPSC)

> Como tem um grupo de pessoas que sempre vem às sessões, procuro observar o que eles estão manifestando no momento para escolher o texto. Quando possível converso com um ou dois deles mais diretamente para saber as suas angústias antes de preparar. Geralmente eles demandam algo relacionado a autoestima, amor... (Cleoci – IFPR)

> Presença. É preciso manter um estado de presença, capaz de apurar a sensibilidade na escolha das histórias conforme o público, intuir possíveis pontos de conexão entre história, autor, e público. (Karin –Udesc)

> Acredito que pela proximidade que temos com os estudantes na biblioteca, os diálogos são bastante efetivos. Tento perceber aquelas coisas que mais os tocam naquele momento, aqueles sentimentos que foram mais relatados nas conversas. (Elisângela – IFSul)

Também foi citada a preocupação com a forma do texto em relação à presença da linguagem metafórica, aquela capaz de agir de dentro para fora como um verdadeiro medicamento. Nesse sentido, o bibliotecário Evandro (BPSC) enfatiza que é preciso "buscar textos que contenham metáforas - para provocar a imaginação, a reflexão, a interpretação - trazendo o leitor, ouvinte ou espectador para o jogo do texto". Além disso, ele enfatiza que é importante:

> Ler muitas obras, para conhecer autores que tratem de temas fundamentais para o ser humano de maneira adequada e cuidadosa na abordagem. Cuidar com o objetivo da prática que é levar benefícios aos participantes, assim os textos não devem prejudicar o estado físico ou mental de quem os recebe de alguma forma - sejam eles lidos, narrados ou dramatizados - o foco é levar alívio, auxílio e ajuda para o bem-estar. (Evandro - BPSC)

Por último, em resposta à pergunta: O seu contato com a Biblioterapia mudou o seu olhar em relação à literatura e à mediação de leitura? Todos concordaram que sim, afirmando que a Biblioterapia permite uma visão mais ampliada e humana para a literatura e para as possibilidades de mediação do texto literário:

> Sempre vi a leitura literária como um ato individual e de lazer, até a juventude quando comecei a perceber o movimento que a literatura causava em mim, sobretudo quando lendo romances do Goethe, depois Valter Hugo Mae, Machado de Assis e Erico Veríssimo, dentre tantos outros. A partir dessas leituras minha percepção sobre sentimentos de amor e ciúmes mudou muito. Então, eu trabalhei contação de histórias quando tive oportunidade, e ainda o faço, mas o contato com a Biblioterapia abriu outro universo e tem sido uma forma fantástica de lidar com a "ansiedade" e cansaço dos adolescentes com os quais trabalho hoje em dia. Antes a mediação da leitura, por meio da contação, principalmente, estava mais relacionada aos conteúdos previamente solicitados por professores e sempre vinha uma tarefa após a atividade, que de certa forma não deixavam a individualidade de cada participante aparecer. Agora não: o prazer, a dor, alegria, a frustração, a tristeza, provocada pelo texto é respeitada e vejo que dessa forma até apreciação estética tem fluido melhor, pois não raro um aluno ou outro vem procurar o texto ou o autor lido. (Cleoci – UFPR)
>
> Quando leio eu já penso em pessoas que poderiam ler alguns

> dos textos que conheci. Penso na possibilidade de mediar o texto para várias pessoas e como poderia ser inserida uma atividade na Biblioteca Pública em que atuo para contemplar a fala, colocar o participante como protagonista de sua própria história e experiência. Já penso em realizar atividades permanentes de Biblioterapia na instituição que trabalho como bibliotecário. Em relação à leitura, o meu olhar está na busca por textos que possam ser compartilhados e levar algum tipo de ajuda para o bem-estar de pessoas ao meu redor. (Evandro – BPSC)

> Despertou-me para o aspecto terapêutico da literatura, as funções de identificação, projeção, catarse que as histórias promovem, o que de fato conecta o leitor/ouvinte aos seus próprios conteúdos emocionais. O contato com a Biblioterapia maximizou o valor do trabalho com as histórias, ampliou minhas perspectivas profissionais. Como bibliotecária eu já sentia que era importante e rico disseminar poesia e literatura. A Biblioterapia o fez precioso. (Karin – Udesc)

> Mudou bastante, estou buscando novas leituras sobre mediação e Biblioterapia, além da leitura de outros textos e indicações. Esta mediação tem mexido comigo também, as sensações que os estudantes relatam depois da sessão são bastante gratificantes. Faz bem fazer o bem. (Elisângela – IFSul)

É bem evidente nas falas uma via de mão dupla, no sentido de que a literatura e a mediação literária sob a perspectiva biblioterapêutica afeta também o mediador enquanto leitor e ser humano em constante desenvolvimento. E, certamente, aproxima o profissional do público que frequenta o espaço da biblioteca abrindo canais para um diálogo que engloba o outro ser em todas as suas dimensões e com todas as suas qualidades e fraquezas. Afinal, como afirma Reyes (2012, p. 29), "os livros são isto: conversas sobre a vida. E é urgente, sobretudo, aprender a conversar".

Considerações finais

Sob a perspectiva da Biblioterapia, a mediação da leitura literária anda de mãos dados com os afetos. Por isso, entendo a Biblioterapia como mediação afetuosa da literatura. Um dos objetivos da prática é mobilizar os afetos, contribuindo para a sensibilização do ser humano a partir do texto literário. Esse aspecto ficou muito evidente na fala dos profissionais entrevistados. Podemos observar também que a atividade é capaz de reverberar do individual para o coletivo. E minhas considerações finais serão no sentido de observar as camadas que são afetadas a partir da prática da Biblioterapia no ambiente da biblioteca.

No nível individual, no caso do profissional que aplica a Biblioterapia foi possível perceber que há uma preocupação com o cuidado, a ajuda e o afeto em relação ao outro. Além disso, destaca-se a disposição para o diálogo e a escuta tanto na condução da atividade quanto na preparação da mesma. Já que no processo da escolha dos textos e da temática, todos enfatizaram a necessidade de conhecer o público e, para isso, a abertura para ouvir o outro, suas necessidades, seus gostos e suas histórias é sempre levada em consideração.

Pela fala dos entrevistados é possível observar que há uma grande satisfação em poder contribuir com a promoção do bem-estar das pessoas por meio da literatura. Isso proporciona mais significado para a prática profissional do bibliotecário e também para o seu papel enquanto ser humano e cidadão. Como afirmou a bibliotecária Elisângela: "Faz bem fazer o bem".

No nível da biblioteca, percebo que a Biblioterapia vem contribuir para transformar a biblioteca num espaço com vida e pessoas que pulsam e sentem. O que acaba por estreitar os laços entre os profissionais que ali trabalham e o público que costuma frequentar a biblioteca, contribuindo para a humanização das relações. O texto literário e a mediação afetuosa da literatura acabam aproximando-os enquanto seres que sentem e que não têm medo de expressar suas emoções. Isso faz com que a biblioteca deixe de ser um lugar frio e que o bibliotecário seja visto em sua singularidade, e não como um profissional técnico desprovido de afetos.

Vale destacar, que apesar de ser uma ação da biblioteca e do bibliotecário, em nenhum momento, os entrevistados citaram o incentivo à leitura como um aspecto presente na atividade biblioterapêutica, porque de fato esse não é o objetivo da Biblioterapia. No entanto, foi relatado que, por vezes, um ou outro participante acaba procurando no acervo da biblioteca a obra ou o autor que foi apresentado no encontro. Isso porque foi estabelecida uma conexão emocional entre aquele potencial leitor e a literatura. Por isso, vejo na Biblioterapia um meio eficiente de conectar pessoas com obras literárias que façam sentido para elas sem que esse seja um objetivo predeterminado, mas sim uma consequência da prática.

Por fim, percebo que quando os bibliotecários trabalham com a mediação afetuosa da literatura sob a perspectiva da Biblioterapia estão contribuindo para uma sociedade mais fraterna, com indivíduos mais saudáveis, equilibrados e felizes capazes de acolher as diferenças e despertar um olhar mais amoroso para si e para o outro.

Referências

CALDIN, Clarice Fortkamp. **Biblioterapia**: um cuidado com o ser. São Paulo: Porto de Ideias, 2010.

CANDIDO, Antonio. **Vários escritos**. Rio de Janeiro: Ouro sobre azul, 2011.

GALLIAN, Dante. **A literatura como remédio:** os clássicos e a saúde da alma. São Paulo: Martin Claret, 2017.

PETIT, Michèle. **A arte de ler:** ou como resistir a adversidade. São Paulo: Editora 34, 2009.

REYES, Yolanda. **Ler e brincar, tecer e cantar.** São Paulo: Editora Pulo do Gato, 2012.

- CAPÍTULO OITO –

MEDIAÇÃO DA LEITURA LITERÁRIA NA BIBLIOTECA ESCOLAR: UM RELATO DE EXPERIÊNCIA SOBRE A IMPLEMENTAÇÃO DA LEI Nº 10.639/2003

Daviane da Silva Ribeiro
Patrícia Vargas Alencar

Introdução

A Lei nº 10.639, de 9 de janeiro de 2003, que incluiu no currículo oficial da Rede de Ensino a obrigatoriedade da temática História e Cultura Afro-Brasileira, demonstrou uma significativa mudança de postura por parte do Estado ao reconhecer a supressão da identidade cultural a que submeteram os negros, expondo inclusive as demais contribuições dessa parcela da população nas esferas econômica, política e social.

A sociedade brasileira, tecida nos padrões europeus e estabelecida pelas relações de poder demarcadas pelo colonialismo, possibilitou a naturalização de uma hierarquia social camuflada pelo Mito da Democracia Racial, uma vez que se difundiu a ideia de que não existe preconceito racial no país, tampouco desigualdades entre brancos e negros oriundas do racismo

(HASENBALG, 2005, p. 251) – o que permitiu que as relações sociais se estruturassem distintamente em função da cor da pele.

A condição socioeconômica dos negros restringe o acesso a bens culturais e, como resultado, influi no desenvolvimento do capital cultural (BOURDIEU; PASSERON, 1982), possibilitando que as desigualdades sociais se reproduzam no sistema educacional, na medida em que "a igualdade formal que pauta a prática pedagógica serve como máscara e justificação para a indiferença no que diz respeito às desigualdades reais diante do ensino e da cultura transmitida, ou, melhor dizendo, exigida." (BOURDIEU, 2007, p. 53).

Considerando que a escola é a instituição eleita para legitimar e transmitir a cultura a fim de manter uma ordem social, Hall (2015, p. 31, grifo do autor) explica que a cultura nacional em que se nasce, constitui uma das principais fontes de identidade cultural, pois, "ao produzir sentidos sobre 'a nação', sentidos com os quais podemos nos ***identificar***, constroem identidades. Esses sentidos estão contidos nas histórias que são contadas sobre a nação, memórias que conectam seu presente com seu passado e imagens que dela são construídas". Desse modo, a ausência da visão de mundo da população negra no sistema educacional brasileiro até a homologação da Lei nº 10.639 de 2003, vem interferindo no desenvolvimento da identidade cultural de toda a população, favorecendo a estigmatização dos negros e, por consequência, a rejeição da identidade cultural africana e/ou afro-brasileira presente no país.

Tal contexto estabeleceu uma concorrência desigual no que tange à mobilidade social da população negra, na medida em que a falta de representatividade e a pobreza estimulam a evasão escolar, anulando as chances de ascensão profissional, promovendo a manutenção de um círculo vicioso.

A atuação dos profissionais na área educacional brasileira colabora para este cenário na mediada em que não receberam a formação adequada para lidar com as variedades raciais, nem as instituições escolares foram tecidas para identificar e reagir às distintas situações que compõem os quadros de discriminação presentes em qualquer meio social (MUNANGA, 2005). O estabelecimento da Lei nº 10.639 de 2003 que determina o ensino da História e da Cultura Afro-Brasileira vem justamente propiciar um redimensionamento do desempenho dos profissionais nas escolas com vistas a dissolver essa situação que tem perpetuado na sociedade brasileira.

Dado o contexto mencionado, a questão que norteia esta investigação é como o bibliotecário escolar deve atuar na mediação da leitura com vistas ao acolhimento e legitimidade da cultura africana e/ou afro-brasileira? Tal questionamento vai ao encontro da Lei nº 12.244 de 24 de maio de 2010, que dispõe sobre a universalização das bibliotecas nas instituições de ensino do país, pois, ratifica a autoridade do bibliotecário para gerenciar tais espaços, portanto, cabe a este profissional atender a essa exigência legal de modo que a diversidade da comunidade escolar seja contemplada igualmente em todos os aspectos, demonstrando sua importância para a sociedade ao evidenciar sua faceta educativa e consequentemente social.

Nessa perspectiva, o objetivo deste trabalho é relatar a experiência vivenciada na mediação da leitura literária no Colégio Pedro II para propor atividades de mediação da Literatura Infantojuvenil Africana e/ou Afro-brasileira em bibliotecas escolares. Para tanto, utilizamos como método a observação, além da pesquisa documental nos projetos pedagógicos do Colégio Pedro II, considerado como campo de pesquisa tendo em vista seu destaque enquanto unidade escolar com ensino público de qualidade.

Partindo dos fundamentos de Bourdieu e Passeron acerca da aquisição cultural, buscamos trazer à cena da discussão uma reflexão sobre a necessária aproximação do bibliotecário junto ao trabalho pedagógico e cultural desenvolvido na escola, considerando principalmente a influência do ***habitus***, enquanto "[...] produto da interiorização dos princípios de um arbitrário cultural capaz de perpetuar-se após a cessação da ação pedagógica e por isso de perpetuar nas práticas os princípios do arbitrário interiorizado." (BOURDIEU; PASSERON, 1982, p. 44). Desse modo, acredita-se na interferência do bibliotecário escolar nas práticas pedagógico-culturais possibilitando o acolhimento da visão africana, dividindo assim, o protagonismo do palco escolar com a eurocêntrica, através da mediação literária, na tentativa de modificar o imaginário coletivo arraigado na sociedade brasileira acerca dos negros e da cultura africana.

A pesquisa em foco se justifica na medida em que promove a integração entre a sala de aula e a biblioteca, permitindo o estabelecimento de uma parceria entre o bibliotecário e o professor na produção de um trabalho pedagógico com vistas à mediação da leitura literária que contemple a História e Cultura Afro-Brasileira de modo a favorecer, consequentemente, a legitimidade da identidade cultural africana presente em cada cidadão brasileiro.

A interfência das práticas informacionais na identidade cultural: um relato de experiência

Nesta oportunidade, apresentamos um relato de experiência da atuação como auxiliar de biblioteca na antiga sala de leitura do Colégio Pedro II – *campus* Tijuca I. Espaço em que emergiram questionamentos pessoais sobre como se formam as percepções raciais na infância. Através do contato diário no exercício da função, foi possível notar a presença de um racismo incutido em crianças de características físicas e faixa etária diferentes, ocasionado possivelmente pela influência da mídia e das instituições sociais.

O Colégio Pedro II é uma instituição criada no período Imperial que iniciou suas ações pedagógicas forjadas nos moldes europeus, mas que tem procurado, com o passar dos anos, se adequar à realidade brasileira, reconhecendo porém, no Projeto Político-Pedagógico que vigorou até recentemente, que "a escola deve ser um espaço de cultura, sem perder, contudo, o horizonte de que o saber, configurado ao longo da história, principalmente pela elite, tem envolvido relações de poder." (COLÉGIO PEDRO II, 2000, p. 81).

Um comportamento preconceituoso pôde ser revelado nos gostos literários, visto que a hipótese emergiu baseada na rejeição pelo "Menino marrom", escrito por Ziraldo (1986), autor muito solicitado pelas crianças do Ensino Fundamental; sendo seus livros alvos de constantes empréstimos e solicitações de reservas; com exceção desse título, ainda que fosse trabalhado eventualmente em algumas turmas pelo corpo docente.

Percebeu-se nesse ambiente de leitura, a resistência e o desinteresse dos alunos não somente por esse título, mas nos empréstimos espontâneos de literatura sobre temas africanos, afro-brasileiros, ou quaisquer outros que tragam em suas capas imagens com personagens negras.

Testemunhou-se risos, acrescidos de comentários ressaltando negativamente as características fenotípicas dessas personagens, provavelmente, devido à escassez ou inassiduidade de práticas leitoras voltadas à Literatura Infantojuvenil Africana e/ou Afro-Brasileira, pois não se observou a inclusão de tais temáticas abrangendo uniformemente todos os segmentos educacionais desse *campus*.

Outra lacuna observada no referido período foi a ausência de uma parceria no que se refere a um trabalho institucionalizado por parte da sala de leitura compartilhada com a sala de aula para o acesso à cultura africana, pois o corpo docente conduzia as leituras à revelia dos auxiliares de biblioteca.

O *campi* Tijuca englobava o *campus* Tijuca I – responsável pela educação do primeiro segmento do Ensino Fundamental (do primeiro ao sexto ano), contemplados com uma sala de leitura e o *campus* Tijuca II – que leciona para o segundo segmento do Ensino Fundamental (do sexto ao nono ano) e para o Ensino Médio, sendo atendidos por uma biblioteca escolar.

Atualmente o *campus* Tijuca I foi alocado em outra região e a sala de leitura foi transformada recentemente em biblioteca escolar pela nova configuração do Sistema de Bibliotecas e Salas de Leitura do Colégio Pedro

II, padronizando a rede de bibliotecas da instituição, em atendimento às demandas geradas pela Lei nº 12.244 de 24 de maio de 2010, que dispõe sobre a universalização das bibliotecas nas instituições de ensino do país.

Nesse sentido, é comum se verificar o uso de termos pejorativos para a representação de indivíduos negros em espaços sociais como a escola, no qual emerge o poder simbólico, descrito por Bourdieu (2000, p. 14) como o "poder de constituir o dado pela enunciação, de fazer ver e fazer crer, de confirmar ou de transformar a visão do mundo e, deste modo, a ação sobre o mundo [...]", conformando retoricamente as identidades estigmatizadas e por consequência os lugares que seus portadores ocupam na sociedade.

Desse modo, a proposta de o bibliotecário escolar mediar textos da cultura africana e/ou afro-brasileira se revela uma alternativa para promover o reconhecimento do legado africano e/ou afro-brasileiro justamente pela mesma ferramenta, a cultura, exatamente no mesmo local onde são reproduzidas as hierarquias sociais – a escola, na tentativa de legitimá-la. Admite-se tal viabilidade, pois, embora o ***habitus*** mantenha certa resistência a mudanças, se revela como um mecanismo classificatório, um:

> [...] conjunto de esquemas interiorizados, é esse espaço intermediário – se assim pudermos dizer – que permite passar, nos dois sentidos, das estruturas determinadas ao longo do trabalho de organização do ***corpus*** às ações de um ator singular e à experiência que ele adquire. (BOLTANSKI, 2005, p. 160, grifo do autor).

Diante dessa perspectiva, propõe-se ações bibliotecárias que reconheçam os dispositivos de seleção e reformulação das informações antes de serem transmitidas ao corpo discente, e a partir desse processo conceber mecanismos de negociação que viabilizem uma interpretação que reconheça a legitimidade cultural africana e/ou afro-brasileira, que seria de acordo com a proposta da pesquisa – atividades pedagógico-culturais relativas à mediação literária, visto que, de acordo com Marteleto (1995, p. 21):

> As práticas informacionais, sendo sociais e simbólicas, como outras práticas humanas, supõem atos concretos, inesgotáveis de significação, para cada sujeito. E a informação, em si mesma, não é um mero instrumento que faz a mediação dos processos de produção e transferência dos significados, saberes ou conhecimentos. Não esquecendo que ela antecede as próprias práticas sociais, como sentido já dado e instituído, é adquirida por uma relação constitutiva, e, portanto por uma ação que transforma.

Ao considerar o objetivo da pesquisa, a mediação do bibliotecário escolar para o atendimento da Lei nº 10.639 de 2003, optou-se por obter um panorama sobre o bibliotecário e a biblioteca nos dois últimos projetos pedagógicos do Colégio Pedro II.

Verificou-se que, embora o Projeto Político Pedagógico tenha sido implementado em 2001, antes da homologação da Lei nº 10.639 de 2003, tendo vigorado até julho de 2018, a instituição já prezava por um ensino que abrangesse a diversidade cultural. Porém, não previa a participação do bibliotecário para as atividades de ensino e aprendizagem em que os recursos da biblioteca poderiam ser utilizados para o desenvolvimento de competências e elaboração de programas de leitura, que envolvessem inclusive a Literatura Africana e/ou Afro-Brasileira.

No que condiz ao Projeto Político Pedagógico Institucional que foi entregue à comunidade escolar no segundo semestre de 2018, percebeu-se que a inserção dos conteúdos prezados pela referida Lei não contemplam a contento os diversos tópicos que poderiam ser explorados em cada uma das disciplinas elencadas: Língua Portuguesa/Literatura, Artes Visuais e História nos diferentes segmentos escolares.

Notou-se uma despreocupação quanto à inserção dos conteúdos sobre a cultura africana e/ou afro-brasileira pois acredita-se que os tópicos poderiam ser melhor explorados. Contudo deve-se considerar que a carga horária não aumentou com a introdução desses conteúdos, e, além disso, ocorre simultaneamente uma pressão quanto à preparação dos discentes para o vestibular.

Destaca-se que embora a instituição mantenha um Núcleo de Estudos Afro-Brasileiros do Colégio Pedro II, que já conseguiu alguns pequenos avanços para a implementação da Lei nº 10.639 de 2003 na comunidade escolar, tem, ainda, uma ação comedida, pois além de entraves práticos como a composição diminuta da equipe do núcleo, este não é integrado efetivamente ao Projeto Político Pedagógico Institucional, limitando sua atuação, inclusive para a implementação de projetos visando o atendimento da referida Lei, que poderiam ser elaborados em conjunto com o corpo docente e o Sistema de Bibliotecas do Colégio Pedro II.

Compreende-se que não houve mudança quanto à participação da rede de bibliotecas da instituição nas rotinas pedagógicas de 2001 até a atualidade, pois assim como o antigo Projeto Político Pedagógico, o novo Projeto Político Pedagógico Institucional não insere o bibliotecário escolar no trabalho pedagógico estruturado nas diferentes disciplinas, independentemente de serem ou não elencadas pela Lei nº 10.639 de 2003.

Foi possível perceber ainda, que, no atual Projeto Político Pedagógico Institucional, a preocupação em promover a integração entre as atividades extracurriculares e as curriculares ocorreu com a sala de leitura ao invés da biblioteca escolar, embora as salas de leitura tenham sido transformadas depois da publicação desse documento em bibliotecas escolares.

Relembra-se que esse profissional pode apoiar o corpo docente principalmente ao disponibilizar informação sobre recursos informacionais, literários e tecnologias que cooperam nas estratégias de ensino, inclusive nas alterações curriculares como a determinada pela Lei nº 10.639 de 2003.

Existe uma lacuna entre a biblioteca e a sala de aula que ainda não foi observada pelo Colégio Pedro II, como por exemplo, a inclusão de programas educativos que envolvam o desenvolvimento de competências informacionais, programas de leitura e a adoção de atividades de mediação da leitura e mediação oral que abranjam a Literatura Africana e/ou Afro-Brasileira, como proposto pela pesquisa.

Acredita-se que para a reversão desse quadro, seria necessário, como dito anteriormente, a inclusão do bibliotecário e da biblioteca no Projeto Político Pedagógico Institucional de forma coesa, como um recurso pedagógico-cultural, interligado às disciplinas que compõem os currículos de todos os segmentos da instituição de ensino.

Nesse sentido, para atingir os discentes e capacitá-los criticamente de modo a impactar no desenvolvimento e o reconhecimento de uma identidade cultural na qual participe a herança cultural africana e/ou afro-brasileira, independente de sua característica fenotípica, propõe-se a mediação da leitura literária e a mediação oral da Literatura Africana e/ou Afro-Brasileira.

A seguir, discutimos a mediação da leitura literária como uma estratégia para legitimar a cultura de base africana e sugerimos um quadro de atividades como parâmetro de atuação na mediação da leitura literária na biblioteca com vistas a contribuir para a aplicação da Lei nº 10.639 de 2003 nas escolas.

Mediação da leitura literária na biblioteca escola em prol da lei nº 10.639/2003

A leitura literária permite a integração social, dando sentido ao mundo e contribuindo para a reprodução da ordem social (BOURDIEU, 2000, p. 10). Sendo assim, a leitura, possibilitada pelo livro, capital cultural objetivado, é um importante componente para o processo de reconhecimento das culturas integrantes da identidade do sujeito. Além de colaborar para a emancipação socioeconômica, "a leitura de obras de literatura (capital cultural objetivado), por exemplo, pode ajudar um indivíduo a adquirir habilidades linguísticas e conhecimento cultural (capital cultural incorporado) que, por sua vez, facilita a aquisição de qualificações (capital cultural institucionalizado)". (GOULDING, 2008, p. 235, tradução nossa).

Seguindo por essa acepção, a presença de livros literários, no caso, da Literatura Africana e/ou Afro-Brasileira, se justifica como meio de ação para o estudo, visto que, favorece a efetivação da Lei nº 10.639 de 2003, trazendo visibilidade a perspectiva histórica e cultural vivenciada pelos negros, potencializada pela mediação bibliotecária, pois:

> É desejável que, na qualidade de mediador, o bibliotecário ofereça ao público leitor um atendimento que visa à legitimação de segmentos sociais que compõem o universo multicultural do Brasil, levando o usuário a notar que as manifestações culturais são tão diferentes quanto legítimas. (ALENCAR, 2014, p. 2963).

Nesta seara, as bibliotecas escolares tem o papel de promover ações de ensino e aprendizagem por meio de um programa educativo integrado ao Projeto Político Pedagógico das instituições de ensino, seja por meio de um trabalho individual do bibliotecário ou em colaboração com o corpo docente, considerando o capital cultural prévio, e por consequência o ***habitus*** dos discentes, de modo que essa intervenção pedagógico-cultural pondere a realidade brasileira. Nesse sentido, sugere-se que o bibliotecário utilize do documento "Multicultural Communities: Guidelines for Library Services", em que são traçados os aspectos que englobam o escopo dos serviços e a infraestrutura necessária para atender a demanda multicultural:

> Servindo a diversas comunidades e interesses, funcionando como centros de informação, culturais e de aprendizagem. Ao abordar a diversidade linguística e cultural, os serviços bibliotecários são guiados pelo compromisso aos princípios fundamentais de igualdade e liberdade de acesso à informação e conhecimento para todos, no respeito aos valores e identidades culturais. (IFLA, 2009, p. 5, tradução nossa).

Tal diretriz serve de guia, delineando a estrutura que a biblioteca deve dispor para o acolhimento da diversidade cultural. Deste modo, espera-se que o bibliotecário utilize dessa proposta na mediação da leitura literária, considerada pela ótica de Bortolin (2013, p. 425) como uma "[...] interferência casual ou planejada visando a levar o leitor a ler literatura em diferentes suportes e linguagens", pois o que se pretende é o reconhecimento pelo público infantojuvenil de uma identidade cultural, na qual também esteja inclusa a visão afro-brasileira, além da eurocêntrica e outras inseridas, possibilitada pela mediação de registros físicos ou não físicos, entendidos respectivamente por Bortolin (2010, p. 127), como os tradicionais, palpáveis e tangíveis, podendo ser depositados em algum suporte concreto, inclusive tecnológicos, enquanto os não físicos são os orais que podem ser recuperados via memória, porém, nunca em sua totalidade, podendo ser registrado, caso seja de interesse individual ou coletivo.

A mediação oral da literatura, entendida como "[...] toda intervenção espontânea ou planejada de um mediador de leitura visando aproximar o leitor-ouvinte de textos literários, seja por meio da *voz viva* ou da *voz mediatizada*" (BORTOLIN, 2010, p. 137, grifo do autor) é uma estratégia que se aplica à cultura africana dada a sua oralidade, por intermédio da qual são conservados seus mitos, ritos e tradições, muitos deles transmitidos à cultura brasileira, suscitando a imagem do *Griot*, espécie de trovador ou menestrel, que dispõe da música, da poesia lírica e dos contos para a animação das recreações populares, figura significativa da cultura africana (HAMPATÉ BÂ, 2010, p. 193). Tal consideração vai ao encontro do que assinala Petit (2009, p. 26), acerca da biblioteca, a saber:

> A biblioteca, em particular, seja um ambiente "natural" para a oralidade: é o lugar de milhares de vozes escondidas nos livros que foram escritos a partir da voz interior de um autor. Quando lê, cada leitor faz reviver essa voz, que provém às vezes de muitos

> séculos atrás. Mas para as pessoas que cresceram longe dos suportes impressos, alguém tem que emprestar sua voz para que entendam aquela que o livro carrega.

Torna-se relevante acrescentar o estado educacional vivenciado pelos negros no Brasil, dado que de acordo com o IBGE (2011), 14,4% de pretos e 13,0% de pardos entre os declarantes de 15 anos ou mais são analfabetos em comparação aos 5,9% de declarados brancos. Tal ponderação indica o contexto em que o bibliotecário brasileiro está inserido e propicia uma reflexão sobre como este profissional deveria considerar as desigualdades socioeconômicas e, sobretudo, educacionais, a fim de que atinja a comunidade em que atua, propiciando estratégias que valorizam a cultura africana, possibilitando dessa forma, o atendimento aos seus usuários reais, além de oportunizar a captação de usuários potenciais.

Compreende-se que este seja um trabalho lento, visto que deve-se conceber o ***habitus*** não somente do corpo discente, como também do próprio bibliotecário e do docente – responsável pelo trabalho pedagógico em sala de aula, considerando, contudo, que opiniões diferentes podem ser geradas, mesmo que os integrantes desses grupos tenham contato regular com a cultura africana e/ou afro-brasileira, pois, como toda mensagem "é objeto de uma recepção diferencial, segundo as características sociais e culturais do receptor, não se pode afirmar que a homogeneização das mensagens emitidas leve a uma homogeneização das mensagens recebidas, e, menos ainda, a uma homogeneização dos receptores." (BOURDIEU, 2007, p. 61). Seguindo por esse raciocínio, não se pretende uma homogeneização cultural, e sim, uma incorporação da cultura africana através das atividades de mediação da leitura literária, permitindo que os traços culturais africanos e/ou afro-brasileiros sejam reconhecidos pelo corpo discente como participante da sua identidade cultural, visto que:

> Nossas práticas com acervos deverão estar sedimentadas na

ação cultural e pedagógica com vertente tríplice de recepção/apropriação/expressão a partir de nossa reserva simbólica, construída com os fragmentos de nossas interpretações singulares e coletivas. Desta maneira, em nossos acervos, há cada vez mais espaço às narrativas como estratégias de autocriação. As narrativas que (se) compõem (a partir de) imagens singularizadas, num movimento constante de (re)construção. Formas estéticas e vitais de organização são potência, elas próprias, para a provocação e o conhecimento. São como instrumentos, ou brechas, para nossos universos interno e externo. (NÓBREGA, 2009, p. 105).

Espera-se por meio desta pesquisa, impactar tanto bibliotecários quanto docentes, a fim de que juntos possam planejar atividades que englobem a biblioteca e a sala de aula, de maneira que ambos os setores sejam responsáveis pela valorização da cultura africana e/ou afro-brasileira. Para tanto, segue um modelo para servir de base a projetos de mediação literária visando a implementação da Lei nº 10.639 de 2003.

Proposta de atividades para mediação literária na biblioteca

Esta proposta foi estruturada primeiramente por acreditarmos no poder transformador da Literatura. Nesse sentido, consideramos a necessidade de que o bibliotecário escolar obtenha subsídios para mediar a Literatura Africana e/ou Afro-Brasileira em atendimento a Lei nº 10.639 de 2003. Para tanto, seguem algumas sugestões de atividades:

Proposta de Atividades para Mediação da Literatura Africana e/ou Afro-Brasileira					
Elementos Norteadores	**Recursos Eletrônicos, Literários e Materiais**	**Abordagens**	**Atividades Após a Mediação**	**Colaborador Docente**	**Avaliação Discente**
Corpo: cabelo, cor da pele e lábios. Corpo e resistência cultural: capoeira.	Autobiografias; CDs; Fotografias de figuras negras de destaque; Datashow; Caixas de som.	Audição musical; Narração individual; Exibição de entrevistas.	Rodas de conversa; Enquete: meu olhar e o olhar do outro;	Desenho História; Português/Literatura; Ed. Física.	Composição de autobiografia, destaque para os aspectos fenotípicos e subjetivos; Autorretrato.

Memória: origens geográficas, genealógicas, reinados, etnias, lutas quilombolas e Movimento Negro ao redor do mundo.	Biografias; Mapas; Fotografias; Jornais; CDs; DVDs; Datashow; Caixas de som; Materiais sugeridos pelos docentes.	Audição musical; Narração compartilhada; Exibição de filmes.	Rodas de conversa; Composição de Árvore genealógica; Composição de jogo da memória (símbolos de etnias diferentes); Jogos de origem africana; Pesquisas em jornais sobre países africanos de Língua Portuguesa.	Artes-Visuais; Biologia; Francês; Geografia; História; Matemática; Português/ Literatura; Sociologia.	Composição de texto a partir da evocação de lembranças ancestrais; Resumo biográfico de figura do Movimento Negro.
Mitos: orixás, relação com a natureza e o mundo invisível.	Lendas das divindades; Fábulas de animais; Fotografias; CDs; DVDs; Datashow; Caixas de som; Materiais sugeridos pelos docentes.	Narração do mediador; Audição musical; Exibição de filmes.	Rodas de conversa; Contraponto de fábulas de animais (eurocêntricas X africanas); Experiências com os elementos naturais ligados aos orixás; Confecção de adereços com miçangas.	Artes-Visuais; Filosofia; Português/ Literatura; Química; Física.	Composição de texto - releitura dos orixás em relação a outros deuses: gregos, egípcios, romanos, nórdicos etc.
Voz: a força da palavra, provérbios e musicalidade.	Poesias; Provérbios; Letras de músicas; Fotografias Dicionários; CDs; Datashow; Caixas de som; Materiais sugeridos pelos docentes.	Audição musical; Exibição de documentário Narração individual.	Rodas de conversa; Análise de palavras africanas; Decifração de provérbios; Bate papo com autores africanos e afro-brasileiros; Conhecendo cantores africanos e afro-brasileiros; Confecção de instrumento musical africano.	Artes-Visuais; Ed. Musical; Filosofia; Português/ Literatura.	Composição de poesia ou provérbios sobre algum elemento da cultura africana.

Fonte: As autoras.

Destaca-se que para a realização destas atividades de mediação literária, deve-se considerar a participação do bibliotecário escolar nas rotinas pedagógicas, para que sejam delineados os seguintes critérios:

- Objetivos do projeto: de acordo com o currículo estipulado no Projeto Pedagógico;
- Duração do projeto: observando as demais atividades do calendário escolar;

- Público alvo: considerando que algumas séries podem ser atendidas conjuntamente;
- Colaboração: do docente – por disciplina foco, auxiliares de biblioteca e possivelmente de técnico-administrativos.

Além disso, sugere-se uma discussão do bibliotecário escolar junto aos colaboradores a fim de viabilizar a estruturação de projetos, de acordo com as seguintes etapas:

- **Elementos Norteadores**: propiciam as bases do projeto – seu tema;
- **Recursos Eletrônicos, Literários e Materiais**: todo recurso a ser utilizado na atividade;
- **Abordagens**: a ação em si – a mediação, seja cinematográfica, musical ou narrativa;
- **Atividades Após a Mediação**: ações de estímulo a reflexão e apropriação cultural;
- **Colaborador Docente**: por disciplina apropriada ao desenvolvimento da atividade;
- **Avaliação Discente**: aplicação de alguma atividade que propicie uma reflexão – relacionando os significados da prática pedagógico-cultural com suas próprias experiências, a ser utilizada como avaliação qualitativa dos resultados do projeto: focalizando a compreensão da temática abordada, verificando se ocorre um processo empático, e, portanto, uma possível negociação com o *habitus*, a fim de promover o reconhecimento pelo discente da identidade cultural africana e/ou afro-brasileira como integrante de sua própria identidade.

Almeja-se, dessa maneira, modificar a imagem negativa naturalizada sobre os negros, e assim, ocasionar o reconhecimento da identidade cultural africana e/ou afro-brasileira pela comunidade escolar, e por consequência, contribuir para a elucidação acerca do racismo, responsável por manter os negros em uma posição subalterna na hierarquia social brasileira.

O acesso a bens culturais é direito de todos, e a biblioteca escolar se oferece muitas vezes como o único meio para que indivíduos inseridos entre a parcela mais carente da população complementem o desenvolvimento do seu capital cultural.

Por este motivo, sugere-se que o bibliotecário escolar insira entre as suas rotinas, atividades de Mediação da Leitura e Mediação Oral da Literatura, que incluam a diversidade cultural brasileira, inclusive no tocante a Literatura Africana e/ou Afro-Brasileira.

Considerações finais

Este estudo possibilitou compreender as dinâmicas sociais que se travaram no Brasil, engendrando as desigualdades socioeconômicas e culturais entre brancos e negros e na interferência do desenvolvimento da identidade cultural e, mais objetivamente, da cidadania dessa parcela da população, como também os meios para reverter tal situação, com o apoio inclusive do bibliotecário escolar através da implementação da Lei nº 10.639 de 2003.

Vimos que a realidade relatada no Projeto Político Pedagógico Institucional acerca da inserção de conteúdos e ações de mediação literária sobre a cultura africana e/ou afro-brasileira no Colégio Pedro II reflete o ***habitus*** inserido na sociedade como um todo. Este relato evidencia a necessidade de o bibliotecário escolar adotar estratégias que ponderem sobre as condições socioeconômicas e o ***deficit*** educacional dos discentes, ao propor ações pedagógico-culturais que envolvam a Literatura Africana e/ou Afro-Brasileira, seja em atividades de mediação literária e/ou mediação oral da literatura. Para tanto, sugere-se a adoção do documento da IFLA "Multicultural Communities: Guidelines for Library Services" aliado a aspectos da Educação Intercultural visando assegurar subsídios para uma atuação pedagógico-cultural adequada à realidade plural do país.

Torna-se relevante relembrar que, enquanto cidadãos, participamos ou somos omissos diante de processos de exclusão, dado os aspectos histórico-culturais em que se desenvolveu a sociedade na qual estamos inseridos. Por isso, acredita-se na importância de que o bibliotecário compreenda o funcionamento e reveja seu próprio ***habitus***, a fim de que expanda sua atuação de mediador, contribuindo para a desconstrução de atividades pedagógico-culturais discriminatórias, que valorizam apenas um único modelo cultural – eurocêntrico, demonstrando sua função socioeducativa, além da responsabilidade social da área de Biblioteconomia e Ciência da Informação.

Esperamos que este estudo desperte na classe bibliotecária o desejo de contribuir pela igualdade cultural e racial, propiciando, por intermédio da mediação da leitura literária na biblioteca, o reconhecimento e a legitimação da identidade cultural africana e/ou afro-brasileira, tornando mais robusta a sua parceria com as instituições escolares no que se refere à Lei nº 10.639 de 2003, confirmando, portanto, seu compromisso educativo e social.

REFERÊNCIAS

ALENCAR, Patrícia Vargas. Mediação da informação no fazer do bibliotecário no âmbito do Interculturalismo. ***In:*** ENCONTRO NACIONAL DE PESQUISA EM CIÊNCIA DA INFORMAÇÃO, 15., 2014, Belo Horizonte. **Anais eletrônicos** [...] Belo Horizonte: UFMG, 2014. p. 2951-2965. Disponível em: http://enancib2014.eci.ufmg.br/documentos/anais/anais-gt6. Acesso em: 11 jun. 2017.

BOLTANSKI, Luc. Usos fracos e usos intensos do habitus. ***In***: ENCREVE, Pierre; LAGRAVE, Rose-Marie (coord.). **Trabalhar com Bourdieu**. Tradução Karina Jannini. Rio de Janeiro: Bertrand Brasil, 2005. p. 155-163.

BORTOLIN, Sueli. A ética na mediação da leitura na biblioteca escolar. **Ensino Em Re-Vista**, Uberlândia, v. 20, n. 2, p. 423-434, jul./dez. 2013. Disponível em: http://www. seer.ufu.br/index. php /emrevista/article/viewFile/23717/13051. Acesso em: 5 fev. 2017.

BORTOLIN, Sueli. **Mediação oral da literatura**: a voz dos bibliotecários lendo ou narrando. 2010. 232 f. Tese (Doutorado em Ciência da Informação) – Faculdade de Filosofia e Ciências, Universidade Estadual Paulista Júlio de Mesquita Filho, Marília, 2010. Disponível em: https://www.marilia.unesp.br/Home/Pos-Graduacao/CienciadaInformacao/Dissertacoes/bortolin_s_do_mar.pdf. Acesso em: 5 fev. 2017.

BOURDIEU, Pierre. **Escritos de educação**. Seleção, organização, introdução e notas: Maria Alice Nogueira e Afrânio Catani. 9. ed. Petrópolis, RJ: Vozes, 2007. (Coleção Ciências Sociais da Educação).

BOURDIEU, Pierre. **O poder simbólico**. Tradução de Fernando Tomaz. 3. ed. Rio de Janeiro: Bertrand Brasil, 2000.

BOURDIEU, Pierre; PASSERON, Jean-Claude. **A reprodução**: elementos para uma teoria do sistema de ensino. 2. ed. Rio de Janeiro: Francisco Alves, 1982. (Série Educação em Questão).

BRASIL. **Lei nº 10.639, de 9 de janeiro de 2003**. Altera a Lei no 9.394, de 20 de dezembro de 1996, que estabelece as diretrizes e bases da educação nacional, para incluir no currículo oficial da Rede de Ensino a obrigatoriedade da temática "História e Cultura Afro-Brasileira", e dá outras providências. Palácio do Planalto. Brasília, DF, 9 jan. 2003. Disponível em: http://www.planalto.gov.br/ ccivil03/leis/2003/L10.639.htm. Acesso em: 2 abr. 2016.

BRASIL. **Lei nº 12.244, de 24 de maio de 2010**. Dispõe sobre a universalização das bibliotecas nas instituições de ensino do País. Palácio do Planalto. Brasília, DF, 24 maio. 2010. Disponível em: http://www.planalto.gov.br/ccivil_03/_ato2007-2010/2010/ lei/l12244.htm. Acesso em: 6 jan. 2018.

COLÉGIO PEDRO II. **Projeto Político Pedagógico Institucional**. Rio de Janeiro, 2018. Disponível em: http://www.cp2.g12.br/images/comunicacao/2018/JUL/PPPI%20NOVO.pdf. Acesso em: 10 ago. 2018.

COLÉGIO PEDRO II. **Projeto Político-Pedagógico**. Rio de Janeiro, 2000. Disponível em: http://www.cp2.g12.br/cpii/legislacao.html. Acesso em: 5 fev. 2017.

GOULDING, Anne. Libraries and Cultural Capital. **Journal of Librarianship and Information Science**, EUA, v. 40, n. 4, p. 235-237, 2008. Disponível em: http://citeseerx.ist.psu.edu/viewdoc/download?doi=10.1.1.918.8981&rep=rep1&type=pdf. Acesso em: 14 mar. 2018.

HALL, Stuart. **A identidade cultural na pós-modernidade**. Tradução Tomaz Tadeu da Silva e Guacira Lopes Louro. 12. ed. [S.l.]: Lamparina, 2015.

HAMPATÉ BÂ, A. A tradição viva. *In*: **História geral da África I**: Metodologia e pré-história da África. Editado por Joseph KiZerbo. 2. ed. rev. Brasília, DF : MEC: UNESCO; São Carlos, SP: UFSCar, 2010. p. 167-212. Disponível em:http://www.dominiopublico .gov.br/download/texto/ue000318.pdf. Acesso em: 26 mar. 2017.

HASENBALG, Carlos. **Descriminação e desigualdades raciais no Brasil**. 2. ed. Belo Horizonte: Ed. UFMG, 2005. (Coleção Humanitas).

IBGE. **Censo Demográfico 2010**: características da população e dos domicílios: resultados do universo. Rio de Janeiro, 2011. Disponível em: http://loja.ibge.gov.br/censo-demografico-

2010-caracteristicas-da-populac-o-e-dos-domicilios-resultados-do-universo.html. Acesso em: 14 jan. 2016.

IFLA. **Multicultural Communities**: guidelines for library services. 3. ed. Haia: IFLA, 2009. Disponível em: https://www.ifla.org/files/assets/library-services-to-multicultural-populations/publications/multicultural-communities-en.pdf. Acesso em: 9 set. 2016.

MARTELETO, Regina Maria. Cultura, educação, distribuição social dos bens simbólicos e excedente informacional. **Informare-Cad. Prog. Pós-Grad. Ci. Inf.**, Rio de Janeiro, v. l, n. 2, p. 11-23, jul./dez. 1995. Disponível em: http://ridi.ibict.br/bitstream/123456789/224/1/MarteletoInformare1995.pdf. Acesso em: 5 fev. 2017.

MUNANGA, Kabengele (org.). **Superando o racismo na escola**. 2. ed. rev. Brasília, DF: MEC/BID/UNESCO, 2005. Disponível em: http://portal.mec.gov.br/secad/arquivos/pdf/racismo_escola.pdf. Acesso em 13 jan. 2017.

NÓBREGA, Nanci Gonçalves da. No espelho, o Trickster. *In:* SANTOS, Fabiano dos; MARQUES NETO, José Castilho; RÖSING, Tania M. K. (org.). **Mediação de leitura**: discussões e alternativas para a formação de leitores. São Paulo: Global, 2009. p. 95-112.

PETIT, Michèle. **A arte de ler**: ou como resistir à adversidade. São Paulo: Editora 34, 2009.

ZIRALDO. **O menino marrom**. 21. ed. São Paulo: Melhoramentos, 1986. (Série Mundo Colorido).

- CAPÍTULO NOVE -

O LEITOR INFANTIL, A LEITURA LITERÁRIA E A LEITURA DIRIGIDA

Evandro Jair Duarte

O contato da criança com o livro e a leitura pode ocorrer das mais diversas formas possíveis. Há aquela experiência literária que é visual primeiro, quando pais, tios, avós, professores manuseiam e leem e o exercício está na leitura de imagens. Quantos livros de plásticos, panos, borrachas, entre outras possibilidades de material mais resistente que o papel está à disposição do pretendente a leitor? Vários!

Na hora do banho, do brincar e do dormir eles estão lá, estimulando a criança para os primeiros contatos com o objeto chamado livro. Relação que se expande com as possibilidades de interação utilizam dos recursos tecnológicos de leitura existentes, com material hipertextual e interativo.

Quando da mediação da leitura, os momentos de ouvir histórias precisam ser lúdicos e agradáveis. Nesta ação, estão as oportunidades da união do objeto livro com a narrativa oral, com modulações de voz para caracterizar as diferentes personagens da história.

O mediador de textos literários tem a oportunidade de utilizar de recursos visuais que incrementam sua atuação de promotor da leitura. O uso de imagens em formatos e suportes variados é atrativo para todas as idades.

Do processo de leitura e mediação da leitura surgem condições para a interação leitor-livro, leitor-texto, leitor-ouvinte, leitor-autor. Esse contato mediado com outras pessoas, principalmente com o adulto leitor, caracteriza a leitura como sendo um ato social.

Quando da alfabetização, nos primeiros contatos com as palavras e, posteriormente, com frases e textos maiores, a criança é apresentada à arte da leitura. Isso mesmo! Arte. Ler é uma experiência estética permeada por traços belos.

Dufrenne (2008, p. 24) diz que a estética se empenha em "[...] apreender o fundamental: o próprio sentido da experiência estética, ao mesmo tempo aquilo que a fundamenta e o que ela fundamenta." Dessa forma, o homem tenta revelar sua relação com o mundo, sendo a arte capaz de privilegiar o objeto estético e conduzir a pessoa ao exercício do gosto e da percepção estética pura (DUFRENNE, 2008).

A arte da escrita e os livros voltados para as crianças colocam-nas em contato com estímulos visuais que possibilitam escolher o que as agradou ou não. Tanto na história apresentada na forma escrita quanto na ilustração. Tem-se aí o exercício que arte proporciona ao leitor condições para eleger o que gostou ou não.

O objeto estético livro pode se revelar a cada leitor de maneira diferente. Cada leitor terá condições de o perceber por meio de experiências pessoais a cada leitura ou releitura. A cada nova leitura estão as condições favoráveis para a percepção de detalhes não percebidos na leitura anterior, tanto de textos quanto de imagens.

Da descoberta dos signos e do objeto estético livro, a leitura de textos realizada pela a criança conduzirá o pequeno leitor a diversos atos resultantes desta experiência, como explorar, descobrir, experimentar, refletir e socializar suas vivências e experimentações leitoras.

Com o tempo elas passam dos mediados e lidos para elas e entram no universo da leitura, aprendido em livros didáticos, passando para os textos dirigidos ao aprendizado da linguagem e perpassando para a leitura do que lhe agrada, quando o leitor pode degustar os vários sabores literários.

Dessa experimentação inicia-se o processo de desenvolvimento de gostos por determinados tipos de textos e por autores específicos.

Muitos dos primeiros passos de uma criança leitora pela trilha da leitura são iniciados em casa, na biblioteca das famílias. Mesmo bibliotecas pequenas trazem condições de despertar a criança para o aprendizado da leitura e para as descobertas possíveis.

A criança que não tem a oportunidade de formar acervos em casa, por motivos diversos, pode encontrar na biblioteca escolar o repertório que a introduzirá no universo literário. Ou, ainda, quando da companhia de um adulto responsável, elas continuarão as suas buscas por novidades, partindo para descobertas de novos espaços que ofereçam oferta de leitura. O pequeno leitor poderá viver a aventura da busca por livros e passear entre estantes em bibliotecas públicas, bibliotecas de amigos, livrarias, sebos e outros tantos espaços.

Diante deste cenário, pode-se ousar na afirmativa juntamente com Abramovich (1997), segundo ela a criança, quando iniciada de maneira prazerosa no mundo da leitura, poderá voltar a este universo e buscar sempre mais.

Tudo bem que em alguns momentos da vida da criança ela precisará ler para se informar, o que é natural nas fases da vida humana. Sendo assim, a leitura obrigatória para o aprendizado e a ampliação do conhecimento, fomento o exercício da busca por respostas que as pessoas realizam em suas diversas fases da vida.

No entanto, o que se discute aqui é a leitura de fruição, a que provoca satisfação para o prazer e o deleite. Voltando-se a ela, se faz necessário falar do que move o leitor.

O leitor de textos literários é movido por um desejo e uma motivação, que pode ter relação com fatores diversos. Mas, concorda-se com Zilberman (2005), quando ela afirma que a criança irá voltar a ler um livro quando este a agradar. Ela retornará ao texto em busca de trechos que a provocou de alguma forma. Da experiência com a leitura, a criança terá condições de formar a sua própria biblioteca interior, com recordações de obras que a tocou.

Na leitura está a possibilidade de ocorrer a conversa entre o autor, o texto e o leitor. Dessa maneira, observa-se que a leitura não é um ato passivo, pois o leitor recebe a obra e a interpreta. O ato interpretativo, os atos de apreensão e os atos de seus resultados configuram em ação para o processo da constituição do texto ao ser experimentado na leitura, sendo esta a interação entre texto e leitor (ISER, 1996, v. 1).

Percebe-se que na habilidade de observador, o leitor interage nesta tríade (autor-texto-leitor) e joga o jogo do texto ao preencher os espaços vazios. Sobre isso, Iser (1979) faz a alegoria em que o texto é o campo do jogo a ser jogado e os jogadores são o autor e o leitor. Desta feita, o texto resulta no fruto da intenção do autor em apresentar um mundo existente e agir sobre ele. No entanto, ainda não existe na consciência do leitor, que terá que identificá-lo ou imaginá-lo e interpretá-lo. Iser (1979) ainda reforça que da imaginação e interpretação é que o leitor entra em campo e joga. Ele precisa ver as possibilidades de identificar o mundo descrito pelo autor. Neste exercício do jogo do texto, o mundo do texto é modificado e transformado pelo leitor durante o processo de leitura. Uma ação subjetiva.

O jogo do texto é jogado com a intenção do autor e do leitor. Por outro lado, pode-se perceber que outros aspectos aproximam o leitor de textos literários como complemento deste jogo. Neste tocante, Abramovich (1997, p. 11) mencionou que as histórias podem trazer "[...] explicações do mundo e das acontecências dele [...]", contribuindo para situar o leitor em um universo a ser descoberto em seus primeiros passos.

Outra característica do jogo foi apresentada por Zilberman (2005), que alerta para o fato da identificação do leitor com personagens. Mas, não se pode esquecer da contribuição de Pennac (1998) ao descrever os direitos imprescritíveis do leitor, que são 10: o direito de não ler; o direito de pular as páginas; o direito de não terminar de ler o livro; o direito de reler; o direito de ler no importa o quê; o direito ao "bovarysmo" (doença textualmente transmissível); o direito de ler não importa onde; o direito de "colher aqui e acolá"; o direito de ler em voz alta; o direito de se calar.

O que se observa nos 10 direitos descritos por Pennac (1998) é que o interesse da criança leitora, o desejo e a motivação dela, quando respeitadas, poderão criar estímulos para a leitura e releitura de outros textos. O mediador pode até provocar a curiosidade da criança, mas forçá-las a ler ou ir a busca de outros livros não é o ideal para promover ou incentivar a leitura literária.

Entende-se que do gosto pela leitura e, consequentemente, o seu pleno exercício ao longo da vida humana é um processo de desenvolvimento pessoal, podendo ou não receber estímulos positivos de outras pessoas para o reforço da prática. Algumas práticas leitoras podem ser individuais ou coletivas.

Práticas individuais da leitura literária, ou como bem diz Abramovich (1997, p. 11), "[...] a volúpia de poder ler sozinha, de mergulhar no mundo mágico das letras pretas que remetiam a tantas histórias fantásticas!!!", é um exercício de concentração, de aguçar dos sentidos para refletir e sentir a leitura. Sim! Sentir, o corpo lê juntamente com o leitor! Merleau-Ponty (2002, p. 161) declarou que "[...] o corpo é o veículo do ser no mundo." Será pelo movimento do corpo que o leitor irá demonstrar, segundo Carmo (2011), quais são as suas intenções, sendo o corpo a expressão pura da realização das intenções, dos desejos e dos projetos do ser humano.

Dessa maneira, ao pegar um livro e manuseá-lo, o corpo do leitor está em um movimento constante. Seja para virar a página de um livro impresso ou nos tocares em tela do livro digital, seja para ficar melhor acomodado durante o ato leitor ou ainda para pausar a leitura. Na pausa, o leitor pode repousar o corpo, esticar, alongar ou mudar de posição para recomeçar o ato.

Sobre esse movimento, Heller (2008) declara que Merleau-Ponty nos conduz a refletir que não há separação entre eu e o corpo e demais objetos e sentidos da percepção, pois tudo se funde e se confunde. Ou seja, o leitor, o livro, o ritmo da história, a própria história, os personagens se misturam e o que acontece é o perceber e sentir o texto e suas possibilidades, em um mover como na música que Heller (2008, p. 187) esclarece dizendo: "Toco esquecido dos meus dedos, assim como o orador fala esquecido dos seus lábios e o dançarino das suas pernas." Desta feita, o leitor lê esquecido de seu corpo, ele vira a página esquecido do movimento de suas mãos.

Trata-se da motricidade do leitor, esta envolta em ritmo e de forma espontânea, Heller (2008, p. 194) diz que "A motricidade dessa técnica é uma motricidade rítmica e espontânea, e espontânea é também sua expressão." Este autor nos elucida, baseado em Merleau-Ponty, que o corpo "[...] não é um movido mas um movente: nele nos deparamos com uma motricidade espontânea que independe do meu poder de decisão e de deliberação [...]" (HELLER, 2008, p. 196).

De igual forma acontece quando a criança leitora está de posse de um livro e inicia sua leitura, ela deixa a motricidade agir em sua espontaneidade e os gestos para o manuseio dão o ritmo da leitura. O seu corpo é um movente do ato da leitura. A criança, no ato da leitura, não toma a decisão de virar a página, o seu corpo é quem move a ação, pois a criança leitora está esquecida de seu corpo e imersa na leitura. Ela está no ritmo motor e espontâneo do corpo. Como bem disse Merleau-Ponty (2002, p. 31): "À medida que sou cativado por um livro, não vejo mais as letras na página, não sei mais quando virei a página;".

Dessa feita, pode-se dizer que a criança diante do texto da leitura literária recebe estímulos provocativos, que Abramovich (1997) chama de "gostosura pura" ou "maravilhamento total". Histórias de aventura, paixão, amor, romance, até mesmo terror e dor podem provocar sentimentos que são apaziguados com um final a ser comparado com a vida real, aquela fora da ficção.

Concorda-se com Zilberman (2005, p. 9) quando afirma que "Um bom livro é aquele que agrada [...]", pois cada leitor terá seu contato pessoal com os textos literários e formarão apreço ou não por cada experiência tomada. O que é bom para um pode não ser para outro, o gosto é variável de pessoa para pessoa, sendo difícil de tornar como padrão que todos irão gostar de determinado texto.

O que se pode dizer sobre a leitura literária é que um livro lido ao provocar os sentidos e proporcionar prazer e estímulos benéficos ao leitor, este poderá iniciar o gosto pela leitura e a busca por desvendar outras obras com aventuras semelhantes, ou que contenham algo a mais. Zilberman (2005) declarou que livros lidos permanecem na memória dos leitores e há sempre movimento de um regressar a eles.

O ato de ler textos literários é a oportunidade de deixar a imaginação fluir, ela é capaz de produz no mundo imaginativo do leitor as cenas e detalhes, como também os personagens com seus traços físicos e psicológicos dados pelo autor. Porém, a capacidade imaginativa de quem lê abre caminho para a inserção de detalhes não dados pelo texto do autor. O leitor pode incrementar o que lhe é dado pela narrativa. O leitor endossa e incrementa os detalhes dados aos personagens e aos cenários da ambientação da história. Pode-se acrescentar uma cor, uma flor, um objeto, um tom de cor, entre outros detalhes que não constam na descrição do autor. Este leitor dialoga com o texto e com o autor ao se posicionar e participar do jogo do texto.

Ler é capacidade de abrir se para um universo criado por outra pessoa e conviver com personagens (ABRAMOVICH, 1997). Convivência esta que, por certo tempo, o tempo da leitura e conclusão da obra literária, nos envolve com os dilemas e com as aventuras dos personagens.

Por meio da leitura literária e o movimento de aproximação com o personagem e seu universo, o leitor pode identificar-se com algum aspecto da história ou de comportamentos e valores de qualquer personagem, sendo ele principal, secundário ou coadjuvante.

Os temas abordados no texto literário podem ser delicados, tratando de amor proibido, sexo, drogas, prostituição, violência, separação, morte, depressão, entre outros fatores que envolvem o desenvolvimento pessoal humano. A história ficcional apresenta muitas características do mundo real, podendo contribuir para despertar os sentidos leitor e a identificação com algum aspecto da história.

Nesse aspecto, a leitura dirigida pode ser um recurso para lidar com as emoções do leitor que de alguma forma se identifica com a história ou com personagens.Quando da prática da leitura dirigida, pode-se trabalhar com uma prática amplamente desenvolvida no mundo denominada Biblioterapia, que é a "[...] leitura dirigida e discussão em grupo, que favorece a interação entre as pessoas, levando-as a expressarem seus sentimentos: os receios, as angústias e os anseios." (CALDIN, 2001, p. 36). Percebe-se que é uma ação profissional em que um vasto conhecimento do universo literário e dos temas abordadosseria o ideal para, então, selecionar e direcionar a uma pessoa ou grupo, as histórias adequadas às necessidades pessoais, com vistas ao diálogo para expurgar o sentimentos e aliviar as emoções, ou seja, possibilitar a catarse.

Dessa forma, "A função terapêutica da leitura admite a possibilidade de a leitura proporcionar a pacificação das emoções." (CALDIN, 2001, p. 32), em que a catarse promove a pacificação, a serenidade e o alívio das emoções, em uma resposta emocional. Caldin (2001) explica que a identificação com a história ou personagens decorre da busca de aspectos, propriedades e atributos do outro para si. Já a introspecção é o fundamental exercício do leitor em busca de entender e educar as suas emoções. De igual modo, a projeção é o que o leitor realiza para distinguir a ligação que tem com a personagem e seu caso de vida e a introjeção é um processo de refletir para trazer traços dos aspectos psicológicos do outro para si.

O que se observa na prática de leitura literária e o prazer ou a "deliciosidade" de se encontrar com autores e seus universos imaginativos para momentos de deleite, prazer, entretenimento, diversão, enfim, de "pura gostosura" ou "maravilhamento total". De algumas leituras, o leitor se lembra em outras fases da vida, podendo ou não voltar à leitura de textos para sentir o que sentiu quando da sua descoberta. Ele pode querer buscar sentir a catarse do primeiro contato e ter a grata surpresa de descobrir outras facetas do texto, que na época da primeira leitura não pode perceber, pois seus sentidos não eram tão apurados.

Engana-se quem diz que o leitor é um ser passivo, que recebe pacificamente toda e qualquer informação que o texto, em geral, possa trazer. No próprio texto literário e ficcional, o leitor não fica em passividade, ele discorda e dialoga com o texto e com o próprio autor. Há uma relação entre autor-texto-leitor e nesse contato a obra se completa. A interação possibilita diversas oportunidades, inclusive do uso da biblioterapia, pois seu método exige da dialogicidade para se completar e complementar. Os leitores têm a oportunidade de expor suas interpretações e de deixar fluir o que pensam, sentem, refletem e interpretam sobre as temáticas e as experiências dos personagens.

A leitura literária promove o encontro com outros, sendo esses outros os autores, os personagens, os ambientes do enredo e até mesmo outros leitores. Da interação surgem as riquezas provenientes das interpretações e dos olhares e suas perspectivas.

Referências

ABRAMOVICH, Fanny. **Literatura infantil**: gostosuras e bobices. São Paulo: Scipione, 1997. (Pensamento e ação no magistério).

CALDIN, Clarice Fortkamp. A leitura como função terapêutica: biblioterapia. **Enc. Bibli**: R. Eletr. Bibliotecon. Ci. Inf., ISSN 1518-2924, Florianópolis, Brasil, n. 12, p. 32-44, 2001.

DUFRENNE, Mikel. **Estética e filosofia**. São Paulo: Perspectiva, 2008. (Debates, 69).

HELLER, Alberto Andrés. **Motricidade e expressão musical**: arte e técnica em Merleau-Ponty. In: VALVERDE, Monclar (org.). Merleau-Ponty em Salvador. Salvador: Arcádia, 2008.

ISER, Wolfgang. **O ato da leitura**: uma teoria do efeito estético. São Paulo: Ed. 34, 1996 (v.1; Coleção Teoria). 191 p.

ISER, Wolfgang. O jogo do texto. In: JAUSS, Hans Robert [et. al.]. **A literatura e o leitor**: textos de estética da recepção. Seleção, coordenação e tradução [de] Luiz Costa Lima. 2. ed. rev. e ampl. Rio de Janeiro: Paz e Terra, 1979.

MERLEAU-PONTY, Maurice. **A prosa do mundo**. São Paulo: Cosac & Naify, 2002.

PENNAC, Daniel. **Como um romance**. Rio de Janeiro: Rocco, 1998.

ZILBERMAN, Regina. **Como e por que ler a literatura infantil brasileira**. Rio de Janeiro: Objetiva, 2005.

- CAPÍTULO DEZ –

O BOOKTUBE COMO INSTRUMENTO PARA O INCENTIVO À LEITURA

Gabriela Bazan Pedrão

Introdução

A leitura, atividade de caráter individual, vem mudando de dinâmica. Com as interações sociais facilitadas pelo mundo digital e seus aplicativos, redes e rápida comunicação, a leitura também ganhou uma nova faceta e vem se reinventando. Há pouco tempo atrás havia um leque limitado de opções para aqueles que gostariam de discutir uma obra literária. Sem a facilidade da internet e suas conexões, restavam, no mundo analógico, apenas clubes e grupos de leitura, nos quais um indivíduo poderia levar suas opiniões e discutir suas impressões.

Com a internet e o mundo digital novas possibilidades começaram a surgir. Timidamente os grupos foram se tornando virtuais, sem restrições físicas. Surgiram os fóruns com discussões abertas a todos que pudessem ter interesse, as comunidades em redes sociais até chegarmos nos canais de comunicação rápidos como os blogs e o YouTube. Nesse capítulo falarei um pouco sobre essas novas possibilidades. Discutirei sobre como o YouTube se tornou uma ferramenta de incentivo à leitura e que alcança pessoas de uma forma diferente, mais ligada ao social e que valoriza as relações entre pessoas.

Os blogs começaram a ganhar espaço no mundo digital no começo dos anos 2000. As temáticas eram diversas, mas prevalecia o toque pessoal e a proximidade com o leitor do conteúdo. Dentre esses diversos temas, obviamente a literatura não seria deixada de lado. Os blogs literários se tornaram uma opção para as pessoas interessadas não só em discutir literatura, como também em acompanhar novidades do mercado editorial, buscar indicações de obras e até mesmo ter uma segunda opinião sobre uma impressão.

Após o estabelecimento dos blogs como locais possíveis de conversa, foi criada uma nova possibilidade, facilitando ainda mais essa troca: o YouTube. Com o surgimento do site de compartilhamento de vídeos em 2005 (BURGUES e GREEN, 2009), um novo meio de compartilhamento e produção de conteúdo foi possível. Grande parte dos criadores de conteúdo migrou rapidamente para a nova plataforma e trocou a produção escrita pela produção em formato de vídeo, que possibilita um contato mais rápido e direto com as pessoas.

Assim, com o crescimento da plataforma, os nichos e temas foram se especializando em assuntos como saúde, beleza e comportamento. Desse modo, surgiram categorias informais de conteúdos como o Booktube. O Booktube diz respeito à produção de vídeos voltada para literatura e abriu espaço para uma nova forma de discussão e para novas práticas de leitura. Se antes os blogs e fóruns estavam restritos aos conteúdos escritos e às pessoas com interesse em ler as discussões e responde-las, os vídeos agilizaram esse processo. A produção em vídeo é mais dinâmica e direta, e nesse formato o produtor de conteúdo pode ser mais rápido em sua crítica e o público pode acessar esse conteúdo de diversas formas. Hoje em dia é possível ter acesso até mesmo de um celular e ouvir o que está sendo dito em qualquer ocasião, com o auxílio de fones de ouvido, por exemplo.

A dinâmica ficou mais acelerada e simplificada e com isso a proximidade entre o produtor e o consumidor aumentou. O Booktube traz com ele um novo tipo de relação entre pessoas e com a leitura. É uma mediação de leitura informal, com tom de amizade e com proximidade, sem a necessidade de credenciais ou títulos para conversar sobre uma obra.

A mediação digital

A mediação é uma atividade conhecida pelo bibliotecário e por profissionais da educação. Ela é intimamente ligada aos processos de tratamento da informação, como as listas de aquisição, os processos e escolhas de palavras da classificação e indexação, e até no posicionamento das obras no ambiente físico. Fora desses processos ela está presente nas indicações de livros, nas leituras escolhidas para atividades dentro de instituições e em atividades exercidas para o incentivo à leitura.

As práticas tradicionais de mediação vêm se desgastando por sua falta de atualização e por não se renovar frente a novas ideias. O Booktube, por exemplo, vem trazendo novas opções e novos formatos de incentivo à leitura e discussão de obras literárias. A proximidade entre o produtor de conteúdo e o público é grande, e quem assiste se sente confortável para comentar, discutir e trocar ideias com quem produz. Há uma identificação grande entre as pessoas, principalmente pelo fato de que quem está falando, na maioria das vezes, não é um especialista, mas sim apenas uma pessoa que gostou de uma leitura e resolveu dividir suas ideias.

A simplicidade das produções, que são, em sua maioria, gravadas em quartos pessoais, pelo próprio produtor e sem muitas ferramentas profissionais, se tornam um convite à participação da comunidade que assiste (JEFFMAN, 2015). As pessoas se sentem à vontade com aquele que está ali falando de uma forma simples, rápida e informal. A informalidade é a grande chave do sucesso do Booktube. As pessoas buscam cada vez mais por conteúdos e pessoas que as inspirem de uma forma real e autentica, tanto no YouTube quanto fora dele. Não seria diferente no universo da leitura.

Quando vemos pessoas que trabalham, têm vidas corridas em

diversas áreas profissionais e ainda conseguem ter tempo para a leitura por prazer, nos sentimos motivados a tentar também. Essa ligação informal e sensível possibilita a criação de uma espécie de comunidade com os mesmos problemas e interesses, que se identifica com a rotina do outro e se enxerga na pessoa que está falando. Assim vem o sucesso desses canais e a grande influência positiva para a motivação de hábitos de leitura em outras pessoas.

O grande diferencial do Booktube na mediação digital é, portanto, essa questão da proximidade, da sensação de uma recomendação de um amigo. Cria-se uma cultura participativa (JEFFMAN, 2015), em que o formato do vídeo (conhecido como ***vlog***), de caráter pessoal, informal e descompromissado, se torna quase que um convite natural a reação ou resposta de quem assiste.

O sucesso desse tipo de produção nos mostra que as pessoas buscam cada vez mais por experiências e por possibilidades de troca. Em muitos momentos não basta apenas ouvir: é preciso ter um espaço onde seja possível também comentar, discutir e deixar sua própria impressão. Talvez não será o próprio produtor do vídeo que responderá, mas outra pessoa que também chegou até ali com objetivos semelhantes. Cria-se então uma nova rede com novos participantes, novas relações e novas trocas.

O grande diferencial dos canais do Booktube são as práticas inclusivas que criam engajamento entre o público e o produtor como, por exemplo, projetos de leitura conjunta. Nesses projetos o produtor de conteúdo escolhe uma obra e faz um projeto de leitura junto com o público do canal. Normalmente é estabelecido um cronograma dividindo o livro em partes para serem discutidas em datas especificas, por exemplo cinquenta páginas a cada cinco dias. Nas datas estabelecidas o dono do canal publica um vídeo discutindo a parte combinada e falando suas impressões e experiências com aquela leitura.

Essa prática é muito interessante, pois funciona como um clube do livro virtual. É um grande incentivo para as pessoas, já que o livro é lido em conjunto e cria uma comunidade de interesse semelhante, onde um motiva o outro com suas impressões, dificuldades e pontos de vista. Outro estímulo é o fato de o livro ser dividido em partes. Assim, a leitura pode ficar mais leve e há mais facilidade para concilia-la com a rotina pessoal de cada um. É um bom exemplo de mediação que inclui o público e o torna protagonista da atividade, não apenas um participante que só assiste, pois sem discussão o projeto morre e não faz sentido, já que a proposta é precisamente ser uma atividade em conjunto.

Fora os projetos de leitura conjunta, há também diversos canais que realizam enquetes sobre os livros que o público deseja que o produtor leia e resenhe. Essa é uma forma de incluir a opinião do público, medir interesses e criar uma comunidade ainda mais próxima, que participa das escolhas e que escolhe o que tem mais afinidade para discutir. Todos saem ganhando.

Outros tipos de projetos que vem se tornando populares no Booktube são os vídeos de *tags* e as maratonas literárias. As *tags* são vídeos com uma lista temática de perguntas em que o dono do canal literário precisa responder citando uma obra que se encaixe na pergunta, por exemplo: um livro com um triângulo amoroso – *Anna Karenina*. O interessante das *tags* é que elas se tornam listas de referência. É um bom instrumento de busca para um leitor que quer ler algo, mas está em dúvidas e procura por indicações. Elas funcionam como uma espécie de bibliografia moderna e interativa, onde o produtor do vídeo, além de criar uma lista, comenta brevemente cada um dos livros e ainda convida quem quiser a também responder as perguntas fazendo suas indicações. Esse tipo de vídeo, além das respostas de quem o gravou, costumam ter diversos comentários de pessoas que também tiveram vontade de responder as perguntas, então o próprio vídeo se torna um fórum dinâmico e cheio de referências.

Já as maratonas literárias são elaboradas por um ou mais canais literários com um corte de tempo especificado, por exemplo, cinco dias.

O objetivo é ler o máximo possível durante esses dias. Normalmente as maratonas acontecem durante feriados prolongados e se tornou uma prática bastante popular e aguardada pela comunidade no Booktube. Algumas maratonas são realizadas por diversos canais em conjunto, criando uma grande rede de produtores de conteúdo e leitores em uma única atividade. Elas podem ser temáticas, por exemplo, maratonas de livros clássicos (onde os participantes devem eleger apenas obras clássicas para ler no tempo proposto), ou podem conter desafios, como ler um livro de um gênero que o leitor nunca tenha entrado em contato. O grande objetivo é sair da zona de conforto, ler obras diversificadas e se dedicar ao máximo possível a leitura, deixando outras atividades de lado durante esses dias.

É uma forma divertida e interativa de aprofundar o hábito de leitura e participar de uma competição saudável. Em alguns casos as pessoas que mais participam são citadas em vídeos e chegam até a ganhar prêmios, como livros, canecas e marcadores de páginas. Isso une a comunidade leitora e cria uma rede de participação onde o leitor não é apenas leitor, mas é parte de um grupo onde ele pode opinar, ser ouvido e trocar impressões, ficando muito menos solitário. A leitura dentro desses grupos criou uma dinâmica diversa e sociável. Ainda que ler continue sendo uma atividade individual, ela se tornou também uma prática social e com ambientes virtuais próprios para se socializar.

Experiência com o canal 'É o último, juro!'

Há quatro anos atrás (2014) comecei um canal literário. Meu objetivo era, através do canal, criar um compromisso de ler mais e melhorar meu próprio hábito de leitura. Na mesma época eu atuava como bibliotecária em um colégio particular onde montei e coloquei em funcionamento uma biblioteca. O canal se tornou um instrumento para melhoria do meu hábito e uma tentativa de incentivar os alunos da escola a frequentarem a biblioteca.

Com o canal minha tentativa era aproximar aqueles alunos do mundo da literatura, mostrando que a bibliotecária estava inteirada com as redes e meios de comunicação que eles utilizavam no dia a dia. A experiência deu certo. Eles criaram uma identificação com o espaço e criaram confiança em meu trabalho. A biblioteca cresceu em números e em participação e o canal extrapolou os modestos objetivos iniciais.

Com os acessos cada vez mais frequentes o canal cresceu e passei a me dedicar mais às resenhas e assuntos literários. Dentro da escola os alunos iam cada vez mais à biblioteca procurando obras que eu havia resenhado, ou apenas para dizer que estavam lendo algo do tipo, ou ainda que determinado vídeo havia despertado um interesse pela leitura. Um público havia sido alcançado com sucesso. A biblioteca chegou a ter cerca de mil e duzentos empréstimos em um semestre, um número considerável para uma biblioteca de pequeno porte.

Com o crescimento do canal, passei a receber perguntas sobre como ler mais, como melhorar os hábitos e como eu conciliava minhas leituras com demais afazeres. Assim, gravei vídeos com dicas para aperfeiçoar a rotina de leitura e se dedicar mais. Com esses vídeos e com indicações de obras curtas e indicadas para leitores iniciantes, passei a receber comentários dizendo que as dicas estavam auxiliando e que de fato a leitura estava se tornando parte da vida de algumas pessoas. Hoje no canal falo sobre hábitos gerais e até mesmo sobre organização pessoal e estou sempre aberta para questionamentos e dúvidas sobre como conciliar os afazeres com a leitura. Cada vez mais vejo que as pessoas realmente se interessam pelo assunto.

Vejo que a literatura, hoje mais do que nunca, está intimamente ligada ao estímulo externo e a não ter medo ou vergonha de ler o que se tem interesse (independentemente de gênero literário ou 'alta' e 'baixa' literatura). Esses canais são exatamente um meio para que isso aconteça e que possibilitam um diálogo franco, sem preconceitos e com a empolgação que é necessária para estimular o outro.

Conclusão

Com o mundo digital nossas vidas se modificaram em diversas formas. Nós buscamos informação de um modo diferente, nós consumimos produtos de um modo diferente e somos influenciados de um modo diferente. Nossa rotina tem outro ritmo e buscamos meios diferentes e mais dinâmicos para incluirmos atividades como a leitura em nosso dia a dia.

As livrarias e bibliotecas dificilmente deixarão de existir, mas precisam ficar atentas à movimentação de seu público. Vender e emprestar não é mais o suficiente. As relações entre pessoas precisam ser levadas em consideração. A leitura como prática social já é uma realidade ***online*** e pode ocupar espaços ***off-line*** também. O leitor busca cada vez mais por liberdade e por pessoas para trocar experiências e interpretações. A leitura está se tornando mais dinâmica e interativa, e a atividade individual está procurando por espaços em grupo.

Poder conversar e compartilhar é uma realidade dos dias atuais. As pessoas querem cada vez mais dividir. A volta dos clubes de leitura, por exemplo, é um dos indicadores dessa movimentação. O sucesso dos projetos de leitura conjunta e maratonas literárias mencionados acima igualmente mostram que a tendência é cada vez mais a formação de grupos de interesse e discussão.

Cabe nesse momento aos profissionais da educação estarem atentos a essas necessidades e não terem preconceitos ou barreiras para levar esse tipo de atividade para o ambiente de aprendizado. As dinâmicas estão dando certo ***online***; elas só precisam ser repensadas para outros locais e colocadas em prática. Esse não é apenas um meio de incentivo, mas também de criação de identificação entre pessoas e de estreitamento de laços, possibilitando debates leves, com liberdade e convidativos. Como disse a autora Ursula K. Le Guin, "É da própria natureza da ideia a necessidade de ser comunicada: escrita, falada, realizada. A ideia é como a grama. Anseia por luz, gosta de multidões, prolifera por cruzamento, cresce mais para ser pisada". Se soubermos olhar com cuidado, encontraremos no Booktube um solo incrivelmente fértil. Porque a literatura é, acima de tudo, liberdade e discussão.

Referências

BURGESS, Jean; GREEN, Joshua. **YouTube e a revolução digital**: como o maior fenômeno da cultura participativa transformou a mídia e a sociedade. São Paulo: Aleph, 2009.

JEFFMAN, T.M.W. Literatura compartilhada: uma análise da cultura participativa, consumo e conexões nos Booktubers. **Revista Brasileira de História da Mídia**, v. 4, n. 2, jun/2015 – dez/2015.

LE GUIN. U.K. **Os Despossuídos**. São Paulo: Aleph, 2017.

- CAPÍTULO ONZE -

CLUBE DE LEITURA NA PRISÃO: A PRÁTICA TRANSFORMADORA DO ATO DE MEDIAR

Ciro Monteiro

> *"Não existe nada que paga sua liberdade,*
> *e nem tortura mais cruel do que a saudade"*
> (Diário de Campo, maio, 2019)

Certo dia, estava desenvolvendo minhas atividades de rotina na prisão[7], que consiste em promover acesso dos educandos[8] aos dispositivos de educação, como por exemplo, a escola, a biblioteca e aos espaços que acontecem cursos profissionalizantes, ou atividades educacionais como curso de computação, caixa de poesia, entre outros, quando, ao abrir uma das salas de aula me deparei com a frase, destacada acima, escrita na lousa: "Não existe nada que paga sua liberdade, e nem tortura mais cruel do que a saudade" (Diário de Campo, maio, 2019).

Cotidianamente, aos finais das aulas do período noturno, os educandos deixam frases escritas na lousa, porém esta me chamou

---

[7] Sou Agente de Segurança Penitenciária há 9 anos, funcionário do setor de educação, bibliotecário e tenho vínculo com o sistema prisional há dez anos, tendo em vista que antes de me tornar funcionário da Secretaria de Administração Penitenciária (SAP), lecionei 1 ano no ensino regular na prisão por meio da Educação de Jovens e Adultos (EJA).

[8] Utilizo o termo "educando" e não "reeducando" para me referir a pessoa em cumprimento de pena privativa de liberdade, na medida em que entendo ser a maioria dessas pessoas desprovidas dos acessos educacionais básicos, ou seja, eles não receberam o mínimo de acesso ao capital cultural essencial para manutenção de uma existência com mais qualidade de vida, seja por carência de estrutura família, ou por ausência do Estado e de políticas públicas satisfatórias.

atenção por exaltar a privação da liberdade como maior forma de punição. Principalmente porque conheci muitos amigos de trabalho, ao longo desses anos, que são partidários e defendem o massacre do Carandiru ou a violência como forma de punição, sem muitas vezes refletir sobre a história das prisões em São Paulo que é pródiga em nos mostrar que essa lógica de violência, superlotação, condições insalubres e ausência de projetos sociais é perniciosa à sociedade.

Entre 1987 e 1994, nos governos Quércia-Fleury vivemos o paradoxo do endurecimento penal pela transição democrática. Os debates em torno da questão carcerária foram substituídos por um consenso conservador que trouxe como consequência ações arbitrárias e extremamente violentas das forças de segurança que resultaram em uma sequência de mortes desencadeadas por ações de represálias como, por exemplo, em 1989 com a morte de 14 detentos por asfixia que haviam sido confinados em uma cela de 1,5m x 4m com mais 37 presos, ou em 1992 com o massacre do Carandiru conhecido publicamente pela morte de 111 presos. Após esses acontecimentos, há um aumento vertiginoso de rebeliões e fugas, decorrentes do surgimento da organização intitulada Primeiro Comando da Capital (PCC) que nasceu em 1993 no Anexo da Casa de Custódia de Taubaté, lugar onde eram levados os presos considerados criminosos e funcionava de acordo com um regime mais rigoroso de cumprimento de pena, prisão-castigo, o qual foi considerado o berço do PCC (SALLA, 2006).

De fato, ações arbitrárias pioram o sistema, ao passo que a privação da liberdade é a forma de punição prevista por lei e é nesse período de cumprimento de pena que a figura do mediador da informação pode se destacar como essencial no processo de transformação e disponibilização do acesso as atividade vinculadas ao livro, a leitura, e aos dispositivos educacionais existentes na prisão. É nesse momento de vulnerabilidade que é possível encontrar um mecânico que não praticava a leitura e a escrita quando estava em liberdade, tornar-se poeta; um motorista cuja rotina de contato com a literatura não era usual, tornar-se ávido leitor; ou um jovem que estava iludido com o mundo do crime, se descobrir apaixonada pelo universo da leitura e da escrita.

São nesses momentos de vulnerabilidade, em que a saudade da família e os instantes de desespero por estar no cárcere, que as atividades de educação aparecem como essenciais no processo de autorreflexão e exercício de repensar a vida e como ela será conduzida no futuro. Uma dessas atividades é o clube de leitura, reunião que acontece uma vez por mês. O encontro acontece no pátio da prisão, é composto em média por 25 educandos e o mediador, sendo escolhida uma obra de literatura, ficção, ou não ficção por reunião.

É sobre essas mediações, a respeito de um universo completamente desconhecido pela maioria da sociedade, em que uma multiplicidade de pessoas, culturas, identidades, realidades sociais e condições diversas as quais estão submetidos os reclusos, os quais se reúnem mensalmente para discutir a leitura de um livro, que pretendo relatar neste texto. Composto por narrativas emocionantes de detentos que desenvolveram gosto pela leitura por meio da participação no clube de leitura, este relato utiliza os instrumentos da etnografia como forma de registro, como por exemplo, o diário de campo. Além disso, se apoia na concepção de mediador social da informação como mecanismo de transformação da sociedade e promoção da cidadania.

A mediação, o campo e as múltiplas formas de registro

A ideia de mediação da informação, conceito amplamente pensado por inúmeros teóricos da área de Ciência da Informação (ALMEIDA JUNIOR, 2009, ALMEIDA JUNIOR, ORTOLIN; SANTOS NETO; SILVA, 2015; ALMEIDA, 2007, GOMES, 2014, SILVA, 2015), é um conceito em construção e definido de múltiplas formas conforme a concepção de cada autor.

Sem qualquer pretensão de estabelecer discussão acerca do termo neste espaço, destaco os fatores elencados por Jonathas Silva, que após fazer leitura analítica do conceito de mediação da informação, apontou para um conceito que existe a partir das relações sociais, é visto como um construto social e está vinculada a prática e as transformações sociais:

> [...] a mediação da informação é um construto que parte dos 'seres sociais' (relações múltiplas, plurais e coletivas entre os seres) e se consolida na formação da consciência do ser (passível de singularidade interpretativa de cada ser). De outro modo, a mediação é um construto social que se estabelece entre o ser e o mundo aproximando a teoria (conhecimento) da prática (ação), sendo que a construção de conhecimento deve ser composta a partir do real ou concreto (das configurações sociais, materiais e históricas), com vistas à transformação da realidade do(s) ser(es) (SILVA, 2015, p.102).

Nessa perspectiva, a mediação da informação como conceito eminentemente social e vinculado aos pressupostos pragmáticos de extensão e transformação social, faz com que a CI tenha que necessariamente rever seus preceitos epistemológicos e buscar interação com outras disciplinas.

Em outro momento, já apresentei proposta de ampliação do conceito de mediador e de mediação da informação (MONTEIRO, 2012) e também de que o mediador da informação seja entendido como um intelectual orgânico (MONTEIRO; ALMEIDA JÚNIOR, 2017). Retomo algumas reflexões, a começar pela ideia de profissional da informação, para que seja possível trilhar caminhos que vão ao encontro das reflexões e atuação do mediador no clube de leitura.

O pesquisador Marco Antônio de Almeida, professor da Universidade de São Paulo (USP) e referência na área de mediação da informação, em 2007, fez apontamentos relevantes acerca do mediador e profissional da informação:

> Se hoje soa utópico ou ingênuo pensar num perfil de profissional da informação como "intelectual orgânico" em função da série de mudanças pelas quais passou o mundo contemporâneo e o Brasil em particular, tampouco vale apontar para um perfil "técnico" que, na sua aparente neutralidade, escamoteia questões sociais e políticas relevantes. A inserção dos profissionais de informação nos processos culturais atentando para sua função de construção da hegemonia parece-me, nesse sentido, um dos focos a ser privilegiado numa formação que se quer crítica (ALMEIDA, 2007, p.13)

Aceitei a ideia e decidi desenvolvê-la, objetivando ampliar a concepção de atuação social do mediador da informação "[...] entendemos os profissionais e os mediadores da informação como sendo intelectuais orgânicos oriundos de diversos ambientes, ou seja, todos aqueles que pertençam a múltiplos espaços e que medeiam informação à sociedade" (MONTEIRO, 2012, p.58).

Essa ideia impulsiona o pesquisador a desenvolver estudos cujo objeto não fique restrito aos amplamente trabalhados na área e além disso, por meio de um "olhar crítico" possa compreender os múltiplos mediadores que cumprem funções transformadoras na sociedade:

> [...] com objetivo de romper com a trajetória de atender apenas aos anseios de um restrito grupo social, a ideia do intelectual orgânico como mediador da informação traz elementos fundamentais para analisarmos a informação mediada nos mais variados núcleos informacionais, como nos presídios, nas igrejas, escolas, hospitais, estádios de futebol, meios de comunicação, partidos, estúdios, domicílios, centros culturais, bares, manicômios, etc. Dessa maneira, os mediadores podem ser uma infinidade de pessoas letradas ou não, como: o pastor, o padre, o jogador, o representante comunitário, o professor, o profissional da saúde, o músico, o jornalista, o trabalhador da indústria, o motorista, o cobrador de ônibus, etc. (MONTEIRO; ALMEIDA JÚNIOR, 2018, p. 103).

Por meio do "olhar crítico" a CI consegue repensar seus objetos e universos de pesquisa, aproximando-se das demandas sociais e de suas problemáticas cotidianas. Olhar que se propõe a romper com o histórico afastamento social da biblioteconomia que isolou-se da sociedade "[...] encastelando-se em seu espaço, empregando técnicas criadas para atender e responder necessidades oriundas de suas próprias entranhas" (ALMEIDA JÚNIOR, 2015, p.135).

Reconheço a enorme plasticidade e flexibilidade do conceito de mediação da informação "[...] que quando pensado no plano das instituições, praticamente impossibilita uma única definição consensual, na medida em que os sentidos das práticas que recobrem derivam de realidade entre si" (ALMEIDA, 2015, p.35).

No entanto, me salta aos olhos a perspectiva crítica e os termos que dão corpo a este conceito, como por exemplo, "relação dos sujeitos com o mundo", "construção do conhecimento", transformação social", "apropriação", "formação da consciência do ser", "interação social", "protagonismo no processo de intervenção social", dentre muitos outros.

Nesse sentido, o clube de leitura na prisão é um desses espaços essenciais de mediação e atuação do mediador da informação. Não obstante, para registrar tais eventos, destaco a etnografia como um método primordial que nasceu da necessidade dos filósofos sociais do século XIX e início do XX de contestarem as especulações acadêmicas e entendê-las como inadequadas, sendo necessário trabalhar com um método próprio o qual buscava entender como viviam as pessoas reais apoiando-se na experiência de campo como essencial para compreender algo da realidade humana vivida (ANGROSINO, 2009).

De modo geral, a etnografia pode ser definida como "[...] a arte e a ciência de descrever um grupo humano - suas instituições, seus comportamentos interpessoais, suas produções materiais e suas crenças" (ANGROSINO, 2009, p.30). O método pressupõe que o pesquisador entre em contato com o universo de pesquisa e que possa comparar as teorias e sair com um novo modelo de entendimento.

É nesse cenário, nas reuniões do clube de leitura, que o diário de campo é utilizado como instrumento essencial do método etnográfico, pois é por meio dele que o pesquisador registra toda sua experiência e imersão no campo, sendo possível registrar detalhes tanto do universo de pesquisa como dos traços e comportamentos culturais de um grupo social. O diário de campo é um dos principais ofícios do etnógrafo: "[...] parte expressiva do ofício do etnógrafo reside na construção do diário de campo. Esse é um instrumento que o pesquisador se dedica a produzir dia após dia ao longo de toda a experiência etnográfica (WEBER, 2009, p.158)".

As reuniões foram registradas pelo autor deste texto de diversas formas, ou seja, em pequenos papéis durante as conversas do grupo, em pedaços de papéis soltos colocados no bolso após as reuniões, ou por meio de registro sistemático no diário de campo logo após chegar em casa. Parte dessas anotações e reflexões serão relatadas nas próximas linhas.

Clube de leitura e a ação mediadora no interior da prisão

O clube de leitura**,** uma de minhas principais atribuições no sistema prisional, é uma reunião mensal composta por no máximo 25 educandos cada grupo e o mediador. Os livros são distribuídos aos educandos 30 dias antes a realização da reunião, conforme prevê a legislação. Vou me prender a relatar as atividades do clube de leitura do ano de 2018 até julho de 2019, momento em que escrevo este texto. Faço este recorte porque tem sido um período de muitas conquistas com relação ao seu funcionamento e aos projetos vinculados ao clube.

Recentemente, conseguimos vincular o curso de direito da Universidade de Ribeirão Preto (UNAERP) ao projeto remição pela leitura. Assim sendo, a universidade passou a ficar responsável pela correção das resenhas feitas pelos educandos, além disso, os alunos da instituição passaram a visitar o clube. Dentro dessa reunião mensal, o clube tem conseguido contemplar a participação de 50 sentenciados, distribuídos em 02 grupos de 25, sendo possível ao educando a escrita de uma resenha no final das discussões realizadas nos debates e reflexões. Durante o ano de 2018, fiquei como único mediador do clube, algo que foi alterado em abril de 2019, com a chegada de alunos e professores do curso de direito, possibilitando a participação de mais mediadores.

Após as reuniões, os sentenciados são encaminhados às salas de aula da escola da prisão, para confecção das redações, as quais são encaminhadas aos universitários do curso de direito da UNAERP para correção. Se for aprovada, o educando recebe quatro dias de diminuição da sua pena por cada redação. Observem o quadro com os livros lidos de 2018 até julho de 2019:

Quadro 01: Livros lidos no clube de leitura em 2018/2019

LIVRO	AUTOR	REUNIÃO
QUE ENCHENTE ME CARREGA	MENALTON BRAFF	01.2018
A LENDA DO VIOLEIRO INVEJOSO	FABIO SOMBRA	03.2018
CARRASCO DE GOLEIRO	LUIZ PUNTEL, BRÁS HENRIQUE	04.2018
O MENINO DO PIJAMA LISTRADO	JOHN BOYNE	06.2018
LONGE COMO O MEU QUERER	MARINA COLASANTI	07.2018
O VELHO E O MAR	ERNEST HEMINGWAY	10.2018
FORA DA TRILHA	PAUL STEWART/ CHRIS RIDDELL	12.2018
A MÚSICA DE UMA VIDA	ANDREI MAKINE	02.2019
OS INSONES	TONY BELLOTTO	03.2019
A MÚSICA DE UMA VIDA	ANDREI MAKINE	03.2019

CARRASCO DE GOLEIRO	LUIZ PUNTEL, BRÁS HENRIQUE	04.2019
CHATÔ	FERNANDO MORAES	05.2019
BORBOLETAS DA ALMA	DRAUZIO VARELLA	05.2019
EU SOU MALALA	MALALA YOUSAFZAI	06.2019
BORBOLETAS DA ALMA	DRAUZIO VARELLA	06.2019
EU SOU MALALA	MALALA YOUSAFZAI	07.2019
QUE ENCHENTE ME CARREGA	MENALTON BRAFF	07.2019

Fonte: elaborado pelo autor

É possível perceber que já repetimos a leitura de alguns livros, como por exemplo, "Que enchente me carrega" e "Carrasco de goleiros". Isso acontece devido a disponibilidade dos livros e da dificuldade em encontrar novos títulos com 25 exemplares de cada para realizar as reuniões. No caso específico desses dois títulos, destacados acima, temos no acervo da biblioteca da unidade. Esses títulos com quantidade de exemplares conseguimos com apoio da FUNAP, que dá assistência ao setor de educação na prisão, ou por meio de contato com bibliotecas das cidades próximas.

A partir do mês de março desse ano, a partir de demandas apresentadas pelos educados, comecei a mediar duas turmas em horários diferentes, sendo aproveitado o livro que já havia sido trabalhado em uma turma pela turma nova. No mês de abril, chegaram os alunos e professores da UNAERP e passamos a realizar as reuniões com ambas as turmas de forma concomitante em espaços diferentes.

As reuniões acontecem nos espaços disponíveis, ou seja, no espaço da igreja e no refeitório, localizados no pátio do presídio, ambientes amplos que permitem a acomodação de todos. É feito um círculo de cadeiras em cada ambiente e as conversas acontecem. Como sou funcionário do setor de educação, acabo tendo contato com os membros do clube durante todo o mês. Sendo assim, começo com relato sobre os bastidores da reunião do clube de leitura.

> As reuniões do clube de leitura é um acontecimento mensal e todos (eu e os presos) já sabemos que no final do mês faremos nossa reunião. Acompanhar todo o processo é algo gratificante, pois começa na organização para distribuição dos livros na biblioteca até o dia do encontro. Nesse processo, os presos me acessam por vários motivos, dentre eles, para dizer que a leitura é difícil ou ótima, que já está lendo pela segunda vez, se pode trocar porque não gostou do livro, ou para compartilhar reflexões. No livro "Eu sou Malala", logo no início do mês a leitura já havia contagiado os educandos. Eles esgotaram os 25 exemplares e queriam emprestar para que outros pudessem ler. Houve até uma pequena discussão na biblioteca sobre o próximo da lista. No meio de tudo isso, um dos educandos, impactado pela leitura do livro e de como Malala lutou contra a submissão da mulher imposta pela religião e o direito delas estudarem, me procurou dizendo que queria organizar um debate sobre "diversidade". Ele havia feito uma carta para convidar as funcionárias psicólogas e assistentes sociais a participarem do debate. Levei o educando até o referido setor. O debate foi marcado e o educando recebeu mais materiais para organizar o encontro que envolveria todos os sentenciados da escola. O clube de leitura não é só uma reunião, mas um processo contínuo de leitura, reflexão e ato. (Diário de campo, junho, 2019).

Esses bastidores é um dos acontecimentos que só é possível vivenciar se estiver em uma "posição privilegiada", ou seja, contato diário com os educandos. Esse diagnóstico prévio permite perceber se o livro está agradando os leitores ou se não terá adesão da maioria. Algo que aconteceu, por exemplo, com o livro escrito por Fernando Moraes "Chatô". A reclamação foi intensa, principalmente por parte dos leitores mais jovens.

Dos 25 educandos que retiraram o livro "Chatô" para reunião, apenas 08 permaneceram com o livro. Dois leitores, de idade superior a 60 anos, disseram que a leitura foi agradável e que se lembravam de muitos dos acontecimentos retratados no livro, porém o restante disse que leram porque não costumam desistir, mas que a história do "Chatô" não tinha relevância para eles.

É bastante comum a participação dos 25 educandos nas reuniões quando as narrativas do livro, de alguma maneira, consegue acessar as emoções dos educandos. Muitos leitores estabelecem relações dos personagens com a própria vida, refletindo principalmente sobre a vida na prisão e a relação com seus familiares. O livro "O violeiro invejoso" de Fabio Sombra" despertou essas emoções.

> Um reeducando relatou que no momento final do livro em que os personagens Marcolino e o Balbino vão descendo a escada e começam a envelhecer até o diabo pegar o Balbino, ele lembrou da própria vida e de tudo que fez de errado, de sua mãe e que queria mostrar pra ela que poderia fazer diferente e que não queria estar na prisão (Diário de campo, março, 2018).

Nessa fala o educando refere-se ao momento do livro em que os personagens Marcolino (bem) e Balbino (mal) encontram um lugar no Reino de Barabeu em que existe uma longa escada capaz de fazer tanto diminuir a idade (descendo) como aumentar (subindo). Parte do livro que gerou muito debate, pois essa possibilidade de avançar ou retornar no tempo, provoca reflexões sobre o local em que eles se encontram.

Além dessas reflexões, é possível encontrar no clube de leitura várias histórias de educandos que desenvolveram hábito e gosto por estudar e pela leitura. Alguns relatos acontecem em momentos informais, as vezes durante a organização de eventos educacionais em que a proximidade e período de permanência com eles são prolongados.

> Nos dias em que estamos organizando eventos vinculado a educação, acabo ficando mais próximo dos presos e conversando muito com eles. Uma de nossas conversas chamou minha atenção. Ao conversar sobre leitura com um dos monitores, que tem 35 anos

> e está preso há 17 anos, ele relatou o quanto é significativo participar do clube de leitura e ler vários livros, já que quando chegou na prisão não sabia ler nem escrever, e também não queria saber de estudar. Aos 20 anos, completamente analfabeto, decidiu ir à escola. Pegou gosto por estudar, alfabetizou-se, concluiu o ensino fundamental e médio, se destacou no clube de leitura e foi convidado por nós a tornar-se monitor de educação, cujo principal requisito é ter concluído o ensino médio e gostar das atividades educacionais. No final de nossa conversa, quando refletiamos sobre a existência da vida baseados na obra do escritor Drauzio Varella "Borboletas da Alma", ele disse que seu maior arrependimento foi não ter estudado desde criança (Diário de campo, junho, 2019).

Esse é um dos exemplos que nos motiva a continuar trabalhando com aprendizagem. O referido educando era analfabeto até os 20 anos e foi na prisão que aprendeu a ler e concluiu o ensino médio. Ávido leitor e usuário da biblioteca, ele se destacou no clube de leitura por fazer frequentes reflexões interessantes que estimulava todos a pensar. Até um dia em que ele participou de um campeonato de xadrez que organizamos e foi finalista, ganhou de muitos jogadores já consagrados no meio prisional, inclusive, nas fases iniciais, havia vencido o jogador que se tornou campeão.

Pelo destaque e por ser participante nas atividades de educação e do clube de leitura, tornou-se monitor de educação, lecionou no Programa de Educação para o Trabalho (PET), curso que ensina os educandos sobre as possibilidades de retomar a vida no mundo do trabalho, e participou das reuniões do clube de leitura até o momento de sua liberdade.

Essas histórias de superação e alfabetização já foram relatadas no clube em momentos de discussão.

> Confesso que os relatos reflexivos que acontecem durante as reuniões do clube de leitura são realmente impressionantes. Um deles foi feito por um educando, que bastante emocionado durante

> as discussões sobre o livro "Fora da trilha" em que o personagem Twig consegue superar vários desafios, contou que alfabetizou um preso que estava na mesma cela "Ele mal sabia escrever o nome, mas tinha muita vontade de escrever para sua mãe. Fui ensinando todos os dias as letras, vogais e formando palavras. Após algumas semanas, ele já estava lendo e conseguiu escrever a carta para sua mãe. É uma das coisas que mais me emocionou no sistema prisional" (Diário de campo, dezembro, 2018).

Relatos como este, em que um sentenciado alfabetizou seu companheiro de cela utilizando métodos simples, são realmente emocionantes. Dostoievski, em seu clássico "Retrato da casa dos mortos", livro que aborda os 10 anos que o autor passou na prisão, relatou que conseguiu ensinar um companheiro de cela a ler e escrever em russo usando apenas a bíblia. Reproduzo trecho do livro:

> – Escuta, Ali – disse-lhe eu certa noite. – Por que não aprendes a ler e a escrever em russo? Há de ser-te muito útil mais tarde, na Sibéria.
> – Eu bem queria, mas com quem?
> – Aqui não falta quem saiba. Se queres, eu te ensino.
> – Oh, por favor, ensina-me!
> Ergueu-se da tarimba, juntou as mãos e me olhou, com ar súplice. Começamos no dia seguinte à tarde. Eu possuía uma tradução russa do Novo Testamento, livro autorizado no presídio. Sem abecedário, com o auxílio único desse livro, Ali, em algumas semanas, aprendeu a ler correntemente. Três meses depois, compreendia muitíssimo bem a linguagem escrita (DOSTOIEVSKI, 2008, p.45).

Os relatos tanto com relação ao educando como do autor russo, são fantásticos, pois nos permite refletir sobre as possibilidades de aprendizagem em momentos que os seres humanos passam por situações de vulnerabilidade social. Além disso, as reuniões do clube proporcionam o acesso a esse tipo de relato, mostrando demandas, caminhos e possibilidades de atuação com a população prisional.

Antes de dar sequência aos relatos, é importante salientar que as formas de atuação do "mediador orgânico" no clube, priorizam uma postura social e transformadora objetivando a promoção da leitura e a participação de todos os membros do clube. Nesse sentido, não existe esforço em fazer análise crítica da obra, no que tange a estrutura linguística, porém excluímos essas necessidades. Também o clube não prioriza apenas o prazer da leitura e a relação do livro com a vida do leitor.

O que acontece é a coexistência desses dois tipos de leitura. É possível apontar esses tipos de leitura dentro do que a autora Sofhie Michaud chamou de leitura participativa e leitura distanciada. Por leitura participativa, a autora entende a leitura passional que vincula o texto com a vida do leitor e seus sentimentos; e a leitura distanciada, é a que pretende analisar o texto em seus aspectos estruturais, linguísticos, sociais e históricos (MICHAUD, 2003).

As reuniões tem como um de seus objetivos, retomar os principais aspectos do livro para que o educando possa escrever um redação, haja vista que após a reunião, ele irá participar do projeto "remição pela leitura" que permite ao educando escrever uma redação e, se aprovada, diminuir 4 dias em sua pena. Dessa forma, é necessário fomentar os dois tipos de leitura, a participativa para que ele tenha prazer em ler e possa refletir sobre sua vida, e a distanciada para que ele seja capaz de observar a estrutura do texto, personagens, a forma como foi contada a história, etc., para que seja possível produzir a redação.

Confesso que as leituras participativas são mais interessantes pois mexem com o emocional dos educandos e ocupam a maior parte do tempo da reunião. Além disso, o ambiente em que estão, a situação de encarceramento, exerce grande influência em suas reflexões, como na leitura do livro "A música de uma vida".

> As reuniões do clube de leitura são surpreendentes, mesmo que o mediador já tenha vivenciado várias desses encontros em anos. Hoje o livro escolhido foi "A música de uma vida" do escritor russo "Andrei Makine". A história é contada por meio das lembranças de um músico, que, durante a segunda guerra mundial, foi perseguido pela polícia secreta de Stalin. Para fugir da perseguição, o personagem assume a identidade de um soldado morto após a invasão alemã e assim se une aos soldados russos e consegue sobreviver, porém nas discussões do grupo, esse plano não foi visto com bons olhos pela maioria dos educandos. Um participante disse: "Eu acho que ele não deveria ter assumido identidade falsa, ele deveria ter enfrentado o campo de concentração e tentar sobreviver". O outro complementa: "muitas pessoas conseguiram sobreviver ao campo de concentração, ele poderia ser um deles, não precisava fazer algo errado". É possível perceber, na fala dos educandos, o peso enorme que o "estar no mundo" exerce sobre a vida deles, pois eles focaram no fato do personagem ter assumido uma identidade falsa como sendo algo "errado", além de achar que ele deveria "enfrentar o campo de concentração". Foram poucos os educandos que questionaram a existência do campo de concentração e a postura política de Stalin (Diário de campo, fevereiro, 2019).

Esse tipo de posicionamento e fala está completamente vinculado ao local em que os leitores se encontram, pois como vivem diariamente uma situação de "pagar" pelo que fizeram, qualquer conduta que contrarie as regras, é vista por grande parte deles como algo que não deveria ter ocorrido. Em outras reuniões de clubes de leitura, com pessoas em liberdade, acredito que o regime de Stalin seria mais criticado, ao contrário do que aconteceu em nosso clube, em que os personagens que assumiram identidades falsas para se livrar dos campos de concentração, foram vistos como errantes.

Um dos encontros que marcou a história das reuniões do clube de leitura foi a visita do escritor Menalton Braff, autor ganhador do prêmio

Jabuti em 2000, e que é referência na região de Ribeirão Preto e no Brasil, teve o seu livro "Que enchente me carrega" selecionado pelo clube, aceitou participar da reunião e respondeu às perguntas dos educandos sobre o texto.

Figura 1: Escritor Menalton Braff no Clube de Leitura

Fonte: Fundação "Prof. Dr. Manoel Pedro Pimentel" – Funap
(Evento - Encontro Nacional do livro e da leitura)

Em homenagem ao dia nacional do livro, organizamos uma espécie de "Roda Viva" em que o autor foi questionado sobre os mais variados temas, envolvendo a estrutura do livro, os personagens, a forma de escrita e até sobre qual relação havia entre os personagens e sua própria biografia. O autor se impressionou com a qualidade da leitura feita pelos presos, que segundo ele, seus alunos da faculdade tiveram dificuldade em ler. Posteriormente, o autor deu entrevista a FUNAP e concluiu: "Quando eu saio daquele ambiente (prisão) eu fico pensando, eu não sei se eu confio mais naqueles que estão lá dentro ou nesses que estão aí fora".

De modo geral, as reuniões do clube de leitura cumprem papel significativo não apenas no processo de formação de leitores, mas na promoção da cidadania, pois é notório a transformação dos educandos ao longo das reuniões, em que passam a desenvolver uma relação ampla e crítica com o mundo, buscam o autoconhecimento e, muitas vezes, descobrem suas potencialidades e alimentam seus sonhos.

Considerações Finais

O relato tentou demonstrar um pouco da dinâmica e do funcionamento do clube de leitura em uma unidade prisional no interior de São Paulo. Exaltou-se o ato de mediar o clube de leitura no interior da prisão como uma prática transformadora tanto para o mediador como para os educandos. O processo exige constantes mudanças e adaptações a realidade do local, ao passo que o ambiente desperta sentimentos variados e, conforme demostrado nas narrativas, muitos relatos refletem a situação vivenciada no cárcere.

O papel do mediador é essencial no ambiente, pois é o indivíduo que disponibiliza acesso as atividades vinculadas ao livro, a leitura e aos dispositivos educacionais existentes na prisão. Além disso, é o mediador que descobre o leitor, o poeta e o escritor, além de incentivar os educandos a desenvolverem suas habilidades.

O método etnográfico revelou-se como fundamental, pois é a ferramenta que permite o registro de relatos emocionantes e frutíferos, demonstrando a essência de um grupo humano pouco conhecido pela maioria da sociedade. Além disso, a figura do mediador orgânico é necessária neste espaço, na medida em que pressupõe maior sensibilidade as causas sociais.

De maneira geral, é possível perceber que o clube de leitura se destaca como meio de aprendizagem, autorreflexão e cumpre papel essencial no processo de integração social e letramento da pessoa em situação de privação de liberdade, atuando como espaço de apropriação do conhecimento e interação, além de permitir ao educando a possibilidade de visualizar outros mundos para além do cárcere.

Referências

ALMEIDA, Marco Antônio. Mediação cultural e da informação. ENCONTRO NACIONAL DE PESQUISA EM CIÊNCIA DA INFORMAÇÃO, 8.,2007. **Anais...** Salvador: UFBA, 2007. Disponível em:http://www.ufpb.br/evento/lti/ocs/index.php/enancib2016/enancib2016/paper/view3513/2278. Acesso em: 10 maio 2019.

ALMEIDA JÚNIOR, Oswaldo Francisco de. Mediação da informação e múltiplas linguagens. **Pesq. bras. Ci. Inf.**, Brasília, v. 2, n. 1, p. 89-103, jan./dez. 2009. Disponível em: <http://periodicos.ufpb.br/index.php/pbcib/article/view/11990> Acesso em: 10 mar. 2019.

ALMEIDA JÚNIOR, Oswaldo Francisco de. **Mediação da informação: um conceito atualizado**. In: BORTOLIN, Sueli; SANTOS NETO, João Arlindo; SILVA, Rovilson José da (Org.). Mediação oral da informação e da leitura. 1ed.Londrina: ABECIN, 2015, v. 1, p. 09-32. Disponível em: http://www.periodicos.ufpb.br/ojs/index.php/pbcib/article/view/11990. Acesso em: 15 fev. 2018.

ANGROSINO, M. **Etnografia e observação participante**. Porto Alegre: Artmed, 2009.

BRAFF, Menalton. **Reeducandos do CPP de Jardinópolis participam de debate com Menalton Braff.** 2017. Entrevista concedida a FUNAP. Disponível em: http://www.funap.sp.gov.br/site/index.php/noticia/155?fbclid=IwAR1RxCRctN-LEJucHamKcywWZBnXmqV00U8IFoyWThnykgZGGNy4jqpM5IU. Acesso em 10 fev. 2019.

BRAFF, Menalton. **Que enchente me carrega?** Ribeirão Preto, SP: Palavra Mágica, 2000.

BRASIL. Lei nº 7.210, de 11 de julho de 1984. **Institui a lei de execução penal**. Disponível em: http://www.planalto.gov.br/ccivil_03/Leis/l7210.htm. Acesso em: 15 jan. 2019.

CARVALHO, A. L. C. de. **Foco narrativo e fluxo de consciência**: questões de teoria literária. São Paulo: Pioneira, 1981.

DOSTOIÈVSKI, F. **Memória da casa dos mortos**; tradução Natália Nunes. Rio de Janeiro: Ediouro, 2008.

GOMES, Henriette Ferreira. A dimensão dialógica, estética, formativa e ética da mediação da informação.. **Informação & Informação**, [S.l.], v. 19, n. 2, p. 46-59, out. 2014. ISSN 1981-8920. Disponível em: http://www.uel.br/revistas/uel/index.php/informacao/article/view/19994/19090. Acesso em: 14 jul. 2019.

LEHMANN, Vibeke. Challenges and Achievements at US Prison Libraries. **Library Trends,**

Projeto MUSE, vol. 59, n.03, p. 490-508, 2011. Disponível em: doi: 10.1353 / lib.2011.0002. Acesso em: 20 jan. 2019.

MICHAUD, S. Conception d'um mod le de club de lecture d' t en bibliothèque publique, avec orientation littéraire, pour les enfants de 9 à 12 ans. 2003. 158 f. Mémoire (Mestrado em Estudos Literários) – Université du Quebec, Trois-Rivières, 2003. Disponível em: http://depot-e.uqtr.ca/4067/1/000103936.pdf. Acesso em: 13 set. 2018.

MONTEIRO, Ciro Athayde Barros; ALMEIDA JUNIOR, Oswaldo Francisco de. Intelectual orgânico como mediador da informação: algumas considerações acerca de um diálogo possível. **INCID:** REVISTA DE DOCUMENTAÇÃO E CIÊNCIA DA INFORMAÇÃO, v. 8, p. 92-105, 2017. Disponível em: http://www.revistas.usp.br/incid/article/view/131637. Acesso em: 11 jun. 2019.

SALLA, Fernando. As rebeliões nas prisões: novos significados a partir da experiência brasileira. **Sociologias**, Porto Alegre, nº 8, dez, 2006. Disponível em: http://www.scielo.br/pdf/soc/n16/a11n16.pdf. Acesso em: 04 jul. 2019.

SILVA, J. L. Percepções conceituais sobre mediação da informação. **InCID: Revista de Ciência da Informação e Documentação**, v. 6, n. 1, p. 93-108, 10 abr. 2015. Disponível em: http://www.revistas.usp.br/incid/article/view/89731. Acesso em: 12 abr. 2019.

WEBER, Florence. A entrevista, a pesquisa e o íntimo, ou: por que censurar seu diário de campo? **Horizontes Antropológicos**, Porto Alegre, ano 15, n. 32, p. 157-170, jul./dez. 2009. Disponível em: http://www.scielo.br/scielo.php?script=sci_arttext&pid=S0104-71832009000200007. Acesso em: 10 jun. 2018

- CAPÍTULO DOZE -

O UNIVERSO DAS FANFICTIONS NO ÂMBITO DA BASE NACIONAL COMUM CURRICULAR

Eliana Andressa Martins Gomes
Nanci Oddone

Introdução

As fanfictions, ou na forma abreviada fanfics, como são conhecidas as histórias que foram escritas por fãs com base em aspectos de uma obra literária ou artística original, podem ser importantes instrumentos para o incentivo à leitura, à escrita, ao letramento digital e a diferentes habilidades em bibliotecas e escolas. Um indício do aspecto educacional das fanfics é o fato de serem citadas na Base Nacional Comum Curricular (BNCC), principalmente nas disciplinas relacionadas à língua portuguesa no período do ensino fundamental.

O presente artigo procura elucidar o que são as fanfictions e especificar como estas publicações são referenciadas na BNCC. O objetivo é compreender de que modo as fanfics podem ser utilizadas como instrumentos de aprendizagem em escolas e bibliotecas. Serão estudadas algumas peculiaridades das fanfics, principalmente a linguagem desse universo cultural, visando o entendimento da terminologia própria às fanfics; as diferentes funções exercidas pelos fãs que trabalham na produção de fanfictions, de modo a analisar as possíveis habilidades que podem ser aprendidas por meio desse universo; e alguns aspectos do fandom, com a finalidade de esclarecer o funcionamento da comunidade que cria as fanfics.

Ainda serão mencionados alguns exemplos da utilização de fanfictions e do fandom em instituições brasileiras e em bibliotecas americanas listadas pelo site I Love Libraries, da American Library Association (ALA), comprovando a possibilidade prática do uso do fandom e das fanfictions mencionadas pela BNCC.

O que são fanfictions?

Fanfictions são histórias escritas por fãs. Essas histórias utilizam um ou mais aspectos de uma obra original, como personagens ou o próprio universo onde a obra é vivenciada, como base para estender o contato com aquela obra em algum aspecto específico.

> A produção da fanfiction começou justamente pela iniciativa de fãs que sentiam necessidade de estender o contato com o universo ficcional por eles apreciado para além do material disponível, como o capítulo semanal de um seriado televisivo. O termo resulta, portanto, da fusão de duas palavras da língua inglesa, fan e fiction, e designa uma história fictícia, derivada de um determinado trabalho ficcional preexistente, escrita por um fã daquele original." (VARGAS, 2015, p. 21).

Vargas considera que as fanfictions surgiram desde o momento em que houve registro de um público leitor interessado nelas. A autora destaca ainda que inicialmente as fanfics circulavam por meio de fanzines,

> [...] publicações comuns desde a década de 1970 [...], cujo nome remete novamente à palavra *fan*, desta vez unida à [palavra] magazine, [que significa] revista em inglês, e que apresentavam uma estrutura basicamente caseira, com tiragem e circulação bastante modestas (VARGAS, 2015, p. 22-23).

Segundo Vargas, a primeira fanzine brasileira surgiu em 1967 e foi dedicada à série ***Star Trek***, uma série televisionada com o título de ***Jornada nas Estrelas***. De acordo com a autora, essa série "teria sido uma das primeiras a possuir uma legião de fãs tão fiéis a ponto de se dedicarem à escrita de novos episódios" (VARGAS, 2015, p. 23). Atualmente, existem fanfictions baseadas em inúmeras obras de diferentes tipos, desde fanfics relacionadas a obras literárias até fanfics que usam como base a vida de celebridades. O site Spirit fanfics (2018) indica os seguintes tipos: Animes & Mangás, Bandas & Músicos, Cartoons, Celebridades, Concursos, Filmes, Games, Histórias Originais, Livros, Mitologias & Lendas, Quadrinhos, Séries, Novelas & TV e Youtubers & Social Media Stars. Já o site fanfiction.net (2018) usa os outra série tipológica: Anime/Mangas, Books, Cartoons, Comics, Games, Misc (Miscelânea), Movies, Plays e TV. No site Spirit fanfics, duas das categorias que mais contêm fanfictions são a categoria Naruto, que é um mangá e anime japonês, e a categoria BTS, que é uma banda coreana. Essas categorias contam, respectivamente, com 48.498 e 139.450 fanfics.

Os gêneros em que as fanfictions podem ser classificadas também são múltiplos, contendo grupos comuns à literatura, como ação, romance e aventura, e grupos próprios das fanfictions ou de gêneros literários específicos, como os mangás. Os termos ***Shonen*** e ***Shoujo*** são exemplos utilizados em mangás e animes que também estão presentes na classificação das fanfictions. O site Spirit fanfiction (2018) contabiliza cerca de quarenta e sete gêneros.

As fanfictions também podem ser classificadas por meio de tags ou etiquetas que se relacionam com os gêneros, com os personagens, com os relacionamentos, com as categorias e etc. As inúmeras tags criadas por fãs escritores a partir de suas histórias ajudam os fãs leitores a buscar exatamente o tipo de fanfiction que estão procurando. O Spirit fanfictions (2018) conta com mais de 200 páginas somente de tags.

O que são fandoms?

Segundo Silva, Sabbag e Galdino, "os fandoms são comunidades de fãs aficionados por um produto cultural [...] [que] produzem e compartilham produtos, experiências e trabalhos de seu objeto de entusiasmo" (SILVA; SABBAG; GALDINO, 2017, p. 1258). O termo fandom foi utilizado inicialmente nos meios esportivo e teatral, porém seu uso começou a se ampliar em função da popularidade dos super-heróis e das histórias em quadrinhos (SIQUEIRA, 2008).

Os fandoms podem estar relacionados a obras literárias, a filmes, a séries televisivas, a videogames, a bandas ou a celebridades, entre outras possibilidades. Em geral os fandoms recebem nomes que fazem referência ao produto cultural pelo qual os fãs se entusiasmam, por exemplo: Potterheads, como são denominados os fãs de Harry Potter; Semideuses, os fãs das sagas envolvendo o personagem Percy Jackson; e Tributos, os fãs da saga *Jogos Vorazes* (OLIVEIRA, 2013). O crescimento dos fandoms resulta de um aumento no uso de tecnologias eletrônicas. A web permitiu que fãs de diferentes regiões do mundo mantivessem um espaço único para interagir, divulgar suas produções e ter acesso a informações sobre o produto cultural apreciado, além de possibilitar a divulgação dessas informações em tempo real.

> As comunidades de fãs se apropriaram do universo digital para ampliar sua dedicação ao ícone pop por meio de fóruns, comunidades e grupos em redes sociais, onde discutem sobre o produto, criam teorias, tentam preencher lacunas do enredo original e compartilham suas fanarts (SILVA; SABBAG; GALDINO; 2017, p. 1258).

O interesse em comum entre os fãs estimula a sensação de comunidade, de pertencer a um grupo de pessoas que vivencia as mesmas preferências afetivas e intelectuais e com quem podem conversar e oferecer interpretações e criações relacionadas à obra. Segundo Curi,

> Organizados em uma espécie de sociedade alternativa que adquire características de uma sociedade complexa e organizada, os fãs dividem referências, interesses e um senso comum de identidade que faz com que eles tenham a sensação de fazerem parte de um grande grupo que não se define por termos tradicionais como raça, credo, gênero, classe social ou localização geográfica, mas por indivíduos que compartilham textos e conhecimentos. Estar nesse grupo é buscar uma aceitação que tem mais a ver com o que você tem a acrescentar à comunidade do que com quem você é (CURI, 2010, p. 5).

É nos fandoms que os fãs podem expressar suas ideias, suas opiniões e seu gosto sem serem constrangidos pelos preconceitos que envolvem algumas práticas culturais. Para os fãs existe a necessidade de aprofundar certos aspectos dessas práticas, de compreendê-las melhor, de criar práticas derivadas com base na obra original e em geral não existem espaços próprios, dedicados a essa discussão. Os fandoms oferecem esse ambiente acolhedor onde é possível encontrar pessoas que estão dispostas a participar de discussões e a abraçar o conteúdo criado por outros fãs.

É importante assinalar que os fandoms não são ambientes isentos de controvérsias, algumas pouco amigáveis, e de disputas por ideias diferentes. Apesar de compartilharem os mesmos gostos, essas pessoas continuam sendo diferentes entre si. Normalmente os espaços de interação dentro dos fandoms possuem regras de convivência onde o respeito ao outro é primordial. Há comunidades específicas dentro dos fandoms criadas por pessoas que além de compartilhar a preferência por um produto cultural dividem também uma mesma visão de mundo, a exemplo da League of Divas (2019), grupo da rede social Facebook que reúne fãs LGBT e fãs do jogo ***League of Legends***.

É importante salientar, no entanto, o aspecto fluido dos fandoms, apontado por Dantas e Moura (2013), já que é comum os fãs não se limitarem a participar de um único fandom. Em geral os fãs mostram interesse em comentar e recriar diferentes produtos artísticos e culturais e por consequência transitam entre várias comunidades. Segundo Silva, Sabbag e Galdino, os fandoms representam "uma forma de resistência à cultura dominante, não pela rejeição das tradições culturais, mas pela remodelagem destas às suas próprias crenças, gostos e preferências" (SILVA; SABBAG; GALDINO, 2017, p. 1259).

A produção de conteúdo pelos fãs

Como se relatou, os fãs não constituem receptores passivos das obras que admiram. Ao contrário, são sujeitos ativos e enquanto tal trabalham para adaptar as obras por meio da criação de novas interpretações e realidades, forjadas a partir de sua experiência pessoal. De acordo com Curi,

> A recepção dos fãs vai além da simples compreensão de um produto cultural, ela se complementa na troca de informações com outros fãs, envolvendo uma série de práticas críticas e interpretativas muito particulares, que caracterizam comunidades organizadas e a criação de novos sentidos. Para eles, a leitura é o início, e não o fim, do processo de consumo (CURI, 2010, p. 4).

É importante observar que qualquer indivíduo pode criar obras que se inspiram em um determinado produto cultural. A diferença entre a criação dos fãs e a de outros admiradores reside na determinação dos fãs e nas comunidades que criam. Os fãs mergulham no estudo de seus produtos culturais favoritos, pesquisam detalhes da obra, dos personagens e dos autores para produzir obras derivadas que mantêm íntima relação com o original. Em seguida, com a expectativa de encontrar diálogo, disponibilizam de modo amplo e gratuito sua produção para suas comunidades. Ainda segundo Curi,

> O consumidor comum, no entanto, para na produção enunciativa.

> São a dedicação do fã a um objeto e a força com que esse objeto está atrelado à sua vida que o levam a ter vontade – ou mesmo necessidade – de modificá-lo ou criar um novo para suprir suas expectativas e sua imaginação. A produção cultural dos fãs acontece na comunidade e é voltada para ela. A cultura oficial serve de base para a construção da cultura dos fãs a partir do momento em que eles se apropriam de certas lógicas de produção e veiculação oficiais para poder criar e pôr em circulação os objetos culturais desenvolvidos. (CURI, 2010, p. 9).

As interpretações criadas pelos fãs são diversas, não se limitam à forma original do produto cultural ou a uma forma única de expressar sua visão artística. As fanfictions são somente um dos produtos elaborados pelos fãs. Segundo Silva, Sabbag e Galdino, o conteúdo produzido por fãs envolve vários tipos de materiais, entre eles: "fanarts (desenhos, pinturas), fanzines (revistas), fanfilms (filmes) e fanfictions (histórias, narrativas)" (SILVA; SABBAG; GALDINO, 2017, p. 1266). Os fandoms, com sua cultura e sua dinâmica, vão muito além e podem se tornar objetos de estudo de diferentes áreas.

Ao estudar os fãs como agentes ativos entende-se melhor as diferentes funções que os mesmos desempenham dentro dos fandoms. À imagem que projetam ao reverenciar e cultuar uma obra, incorpora-se sua contribuição como atores que modificam, interferem e produzem inovações usando suas próprias habilidades. Curi comenta que

> A tietagem possui diferentes formas de produção cultural, práticas e tradições estéticas. Os fãs se manifestam como artistas, escritores e cineastas e se apropriam de elementos da cultura comercial para criar uma nova forma de cultura popular, desenvolvendo seus próprios meios de produção, distribuição, exibição e consumo, para dividir seus produtos com outros fãs (CURI, 2010, p. 5).

Fanfictions e a Base Nacional Comum Curricular

A BNCC possui caráter normativo e define o conjunto de competências e habilidades essenciais que os estudantes devem desenvolver ao longo da Educação Básica (BRASIL, 2017). O termo 'fanfic' é mencionado na BNCC como um elemento que integra as práticas de linguagem contemporâneas, dando ênfase à possibilidade de interação com o conteúdo lido ou assistido pelos estudantes e de produção de novos conteúdos fazendo uso das tecnologias e aplicativos disponíveis na web. A web disponibiliza ao leitor diferentes formas de explorar conteúdos culturais. A leitura de um livro não se conclui necessariamente quando este termina, da mesma forma como a relação entre um espectador e um filme ou uma série não finaliza depois que a televisão ou o computador são desligados ou quando a sessão de cinema acaba. Existem diversas plataformas e ferramentas disponíveis para que o público possa dar continuidade à sua experiência. De certa maneira, a própria indústria cultural incentiva o prolongamento da experiência sensitiva e afetiva vivenciada pelo público leitor ou espectador. A BNCC analisa como essas plataformas e ferramentas podem ser utilizadas em sala de aula.

> As práticas de linguagem contemporâneas não só envolvem novos gêneros e textos cada vez mais multissemióticos e multimidiáticos, como também novas formas de produzir, de configurar, de disponibilizar, de replicar e de interagir. As novas ferramentas de edição de textos, áudios, fotos e vídeos tornam acessíveis a qualquer um a produção e disponibilização de textos multissemióticos nas redes sociais e outros ambientes da web. Não só é possível acessar conteúdos variados em diferentes mídias, como também produzir e publicar fotos, videos, podcasts, infográficos, enciclopédias colaborativas, revistas e livros digitais, etc. Depois de ler um livro de literatura ou assistir a um filme, pode-se postar comentários em redes sociais específicas, seguir diretores, autores, escritores, acompanhar de perto seu trabalho; podemos produzir playlists,

> vlogs, vídeos-minuto, escrever fanfics, produzir e-zines, nos tornar booktubers, dentre outras muitas possibilidades. Em tese, a web é democrática: todos podem acessá-la e alimentá-la continuamente (BRASIL, 2017, p. 65).

A BNCC argumenta que é preciso estimular o diálogo com os estudantes para que eles possam desenvolver uma visão crítica dessas novas práticas de leitura. Além disso, o governo recomenda que se busquem formas de auxiliar os estudantes a compreender os limites de suas iniciativas, a exemplo da distinção entre o que é e o que não é ético quando se trata das redes sociais, como se observa a seguir.

> Eis, então, a demanda que se coloca para a escola: contemplar de forma crítica essas novas práticas de linguagem e produções, não só na perspectiva de atender às muitas demandas sociais que convergem para um uso qualificado e ético das TDIC [tecnologias digitais de informação e comunicação] – necessário para o mundo do trabalho, para estudar, para a vida cotidiana, etc. – mas também [na perspectiva de] fomentar o debate e outras demandas sociais que cercam essas práticas e usos. É preciso saber reconhecer os discursos de ódio, refletir sobre os limites entre liberdade de expressão e ataque a direitos, aprender a debater ideias, considerando posições e argumentos contrários (BRASIL, 2017, p. 67).

A fanfictions oferecem novas perspectivas e novas interpretações de uma determinada obra e dessa forma incentivam os estudantes a compreender e a conviver com a diversidade de experiências, visões de mundo e opiniões distintas das suas, o que exige dos professores e da comunidade escolar o desenvolvimento de novos olhares e a exploração de novas dinâmicas para lidar com a perspectiva do diferente. Provavelmente os estudantes não terão os mesmos interesses em relação a uma obra e a escrita de fanfictions poderá gerar debate sobre a obra em si e sobre essas diferentes interpretações. Como se mencionou em relação ao fandom, há grupos voltados ao debate das fanfictions que se relacionam a demandas sociais que poderiam ser debatidos em sala de aula.

A BNCC estabelece, no entanto, que o uso de ferramentas associadas às novas práticas de leitura não deve se sobrepor aos gêneros e práticas já adotados pela escola. Torna-se necessário, portanto, buscar formas de agregar as práticas contemporâneas às tradicionais. A experiência de leitura de clássicos brasileiros, por exemplo, poderia ser ampliada por meio de exercícios lúdicos, em que os estudantes propusessem dar continuidade à história ou trabalhar com personagens secundários em enredos alternativos. Os filmes assistidos em sala podem ser debatidos com estratégias de estímulo à imaginação, buscando descobrir que parte da história despertou associações subjetivas, permitindo sua imediata apropriação.

> Não se trata de deixar de privilegiar o escrito/impresso nem de deixar de considerar gêneros e práticas consagrados pela escola, tais como notícia, reportagem, entrevista, artigo de opinião, charge, tirinha, crônica, conto, verbete de enciclopédia, artigo de divulgação científica, etc., próprios do letramento da letra e do impresso, mas de contemplar também os novos letramentos, essencialmente digitais (BRASIL, 2017, p. 67).

É importante indicar que a BNCC faz uma ressalva em relação ao uso das fanfictions: "as atividades de leitura autônoma e de produção de textos em redes sociais e de produção de fanfics devem observar a faixa etária mínima permitida para o acesso a esses ambientes/sites" (BRASIL, 2017, p. 71). Isso ocorre porque muitos fandoms e fanfictions apresentam conteúdo adulto, que é sinalizado na web por meio das etiquetas, do gênero e da classificação que lhe é atribuída.

As fanfictions são introduzidas no capítulo da BNCC relativo à área de linguagens do ensino fundamental. Seu uso está previsto na dimensão

"Reconstrução e reflexão sobre as condições de produção e recepção dos textos pertencentes a diferentes gêneros e que circulam nas diferentes mídias e esferas/campos de atividade humana" (BRASIL, 2017, p. 70), podendo ser observado no seguinte trecho:

> Analisar as diferentes formas de manifestação da compreensão ativa (réplica ativa) dos textos que circulam nas redes sociais blogs/microblog, sites e afins e os gêneros que conformam essas práticas de linguagem, como: comentário, carta de leitor, post em rede social, gif, meme, fanfic, vlogs variados, political remix, charge digital, paródias de diferentes tipos, vídeos-minuto, e-zine, fanzine, fanvídeo, vidding, gameplay, walkthrough, detonado, machinima, trailer honesto, playlists comentadas de diferentes tipos, etc., de forma a ampliar a compreensão de textos que pertencem a esses gêneros e a possibilitar uma participação mais qualificada do ponto de vista ético, estético e político nas práticas de linguagem da cultura digital (BRASIL, 2017, p. 71).

Segundo as diretrizes da BNCC, as fanfictions devem ser utilizadas como ferramentas para melhorar a compreensão dos textos e ampliar a participação nas práticas de linguagem originadas na cultura digital. Escrever fanfictions pode trazer benefícios aos estudantes, seja auxiliando a desenvolver o pensamento crítico, a participar mais ativamente das atividades em sala de aula, a analisar os temas apresentados e inserir suas próprias perspectivas, e a debater um tema respeitando o ponto de vista dos colegas, buscando compreender a argumentação sob diferentes óticas. O uso do meio digital para produzir fanfics pode auxiliar também na incorporação de sociabilidades e competências que serão necessárias futuramente, a exemplo do convívio com a diversidade de opiniões em fóruns e comunidades, da convivência com as críticas, da experiência para identificar comentários pouco éticos, e do treinamento para usar aplicativos digitais, que podem vir a ser úteis futuramente, como ferramentas de trabalho. O letramento digital, na opinião de Frade, "implica não apenas a apropriação de uma tecnologia, mas, acima de tudo, o exercício efetivo das práticas de escrita que circulam no meio digital" (FRADE, 2011 apud ALVES, 2014, p. 41). De acordo com Alves,

> um dos objetivos da escola deveria ser permitir que os alunos compartilhem das várias práticas sociais, ou seja, de práticas de letramento onde possam utilizar a leitura e a escrita. Para isso é pertinente que a educação linguística valorize na atualidade os diversos letramentos de forma ética e participativa. (ALVES, 2014, p. 41).

A BNCC estabelece que as fanfictions podem ser utilizadas nos anos finais do ensino fundamental, entre o 6º e o 9º ano. As atividades envolvendo as fanfics estão relacionadas ao campo artístico-literário da disciplina língua portuguesa, que busca

> [...] possibilitar às crianças, adolescentes e jovens dos Anos Finais do Ensino Fundamental o contato com as manifestações artísticas e produções culturais em geral, e com a arte literária em especial, e oferecer as condições para que eles possam compreendê-las e fruí-las de maneira significativa e, gradativamente, crítica. Trata-se, assim, de ampliar e diversificar as práticas relativas à leitura, à compreensão, à fruição e ao compartilhamento das manifestações artístico-literárias, representativas da diversidade cultural, linguística e semiótica [...] (BRASIL, 2017, p. 154).

Os alunos dos anos finais do ensino médio precisam não apenas ler bem, mas ter uma visão crítica daquilo que estão lendo, sendo capazes ainda de mostrar preferências em relação à literatura, de tecer comentários e avaliações, de debater sobre o que foi lido e de mostrarem habilidade para estebelecer uma relação entre o que foi lindo e sua própria experiência sobre o assunto, deliberando a respeito de compreensões diferentes das suas.

> Para que a experiência da literatura – e da arte em geral – possa alcançar seu potencial transformador e humanizador, é preciso promover a formação de um leitor que não apenas compreenda os sentidos dos textos, mas também que seja capaz de fruí-los. Um sujeito que desenvolve critérios de escolha e preferências (por autores, estilos, gêneros) e que compartilha impressões e críticas com outros leitores-fruidores (BRASIL, 2017, p. 154).

O uso das fanfics está previsto ainda na dimensão "Reconstrução das condições de produção, circulação e recepção. Apreciação e réplica" (BRASIL, 2017, p. 154), onde são sugeridas as atividades listadas abaixo:

> Participar de práticas de compartilhamento de leitura/recepção de obras literárias/manifestações artísticas, como rodas de leitura, clubes de leitura, eventos de contação de histórias, de leituras dramáticas, de apresentações teatrais, musicais e de filmes, cineclubes, festivais de vídeo, saraus, slams, canais de booktubers, redes sociais temáticas (de leitores, de cinéfilos, de música etc.), dentre outros, tecendo, quando possível, comentários de ordem estética e afetiva e justificando suas apreciações, escrevendo comentários e resenhas para jornais, blogs e redes sociais e utilizando formas de expressão das culturas juvenis, tais como, vlogs e podcasts culturais (literatura, cinema, teatro, música), playlists comentadas, fanfics, fanzines, e-zines, fanvídeos, fanclipes, posts em fanpages, trailer honesto, vídeo-minuto, dentre outras possibilidades de práticas de apreciação e de manifestação da cultura de fãs (BRASIL, 2017, p. 155).

Nessa dimensão a BNCC sublinha a importância da participação em comunidades de práticas literárias como clubes de leitura, saraus e redes sociais de aficcionados, entre outras, como forma de estimular os estudantes a redigir "comentários de ordem estética e afetiva, justificando suas apreciações", além de resenhas que apliquem formas de expressão próprias das culturas juvenis como as que se observam nas "práticas de apreciação e de manifestação da cultura de fãs" (BRASIL, 2017, p. 155).

A literatura da área pedagógica oferece bons exemplos quando se trata das estratégias didáticas para auxiliar os estudantes a compreender e verbalizar seu entendimento sobre o que foi estudado em sala de aula. Na perspectiva da BNCC, as práticas de apreciação das obras multimidiáticas exploradas por comunidades de fãs na web abrem-se a partir de agora como ferramentas educacionais de amplo potencial. A cultura dos fãs é, de fato, rica em dinâmicas que podem auxiliar no aprimoramento das aptidões pessoais. Jovens são diferentes. Alguns não se interessam por leitura, mas gostam de desenhar; outros descobrem seus talentos em apresentações e encenações ao vivo; alguns gostam de escrever e de criar novas histórias; outros mostram habilidade na organização de atividades sociais. Trabalhar essas diferentes aptidões a partir dos conteúdos tratados pelo grupo em sala de aula oferece aos estudantes a liberdade de descobrir suas capacidades e a oportunidade desenvolvê-las.

Mas a introdução das fanfics na educação básica pode ir além dos aspectos citados até aqui. Analisando a dimensão "Consideração das condições de produção. Estratégias de produção: planejamento, textualização e revisão/edição" da BNCC (BRASIL, 2017, p. 156-7), que trata da produção de textos, verifica-se que são pensadas ações como:

> Engajar-se ativamente nos processos de planejamento, textualização, revisão/edição e reescrita, tendo em vista as restrições temáticas, composicionais e estilísticas dos textos pretendidos e as configurações da situação de produção – o leitor pretendido, o suporte, o contexto de circulação do texto, as finalidades, etc. – e considerando a imaginação, a estesia e a verossimilhança próprias ao texto literário (BRASIL, 2017, p. 157).

Em relação ao engajamento em processos de reescrita, por exemplo, poderia ser útil se os estudantes observassem as técnicas adotadas para produzir fanfics, de forma a aplicá-las às obras lidas e discutidas em sala de aula. Começar refletindo sobre o gênero do texto que será criado, sobre o público-alvo que esse texto pretende atingir, sobre as finalidades da obra, sobre o contexto, os personagens, o enredo e muito mais. Todas essas atividades são comuns aos escritores de fanfictions. Escrever fanfictions partindo de uma obra original que seja do interesse dos estudantes pode ser um exercício muito estimulante, e até mesmo lúdico, para aprimorar a escrita do aluno. Explorar e aprofundar sua convivência com uma literatura que o agrade, um filme que está fazendo sucesso no momento, uma música que o inspire pode surtir efeitos transformadores. Considerando que as categorias de fanfictions em sites especializados são numerosas e suas opções envolvem mídias que são valorizadas pelos jovens, a prática da reescrita através de fanfictions abre inúmeros caminhos para a reinterpretação de conteúdos artísticos e literários.

> Ainda nos ambientes escolares é recorrente a queixa de que os jovens não leem nem escrevem nem se interessam pelas leituras e escritas mais tradicionais, mas é possível constatar, através dos meios eletrônicos, sites que abrigam grande quantidade de fanfics postadas por jovens e adolescentes que dedicam tempo de lazer para a leitura, escrita e publicação de histórias ficcionais. Diante disso é interessante destacar que esses usuários se encontram nas salas de aula e se o letramento é um fenômeno social seria pertinente trazer para o espaço escolar os usos sociais da leitura e escrita. Nesse sentido é possível perceber que abrir espaço para dialogar com alunos sobre em que práticas estão engajados fora da sala de aula pode ser uma maneira interessante de conhecê-los mais (ALVES, 2014, p. 45-6).

O uso de fandoms e fanfictions em escolas e bibliotecas

Citada por Bertoni (2019), a professora Raquel Zandonadi, que trabalha na Escola Municipal Sebastião Tavares de Oliveira, em Praia Grande, São Paulo, desenvolveu atividades com fanfictions em 2018

> [...] a ideia foi analisar em sala de aula a série 'La Casa de Papel', disponível na Netflix (a escolha foi feita pelos próprios estudantes). Houve debates sobre diferentes gêneros narrativos, sobre a construção de personagens, sobre o enredo e sobre as 'brechas' na história. Depois, os alunos escreveram suas próprias fanfics [...]. Ao final do projeto, os estudantes produziram um fanzine, ferramenta também indicada na Base Comum Curricular (BERTONI, 2019).

Em entrevista a professora revelou que o trabalho com as fanfictions foi desenvolvido em duas turmas do 9º ano do ensino fundamental, quando teve a ideia de "criar um ambiente de fandom [...] a partir de um objeto cultural escolhido pelos alunos". A atividade se estendeu por quatro meses e foi avaliada ao longo do processo. Segundo Zandonadi,

> Para a análise da série escolhida pela turma, com a qual fizemos um trabalho de leitura bem aprofundado - já que produzir uma boa fanfic pressupõe uma leitura atenta do objeto cultural com o qual se relaciona - os alunos fizeram painéis, seminários e debates. No processo de escrita, usamos a plataforma spiritfanfiction.com, onde os alunos publicaram suas histórias e eu pude lá mesmo fazer os comentários. Conforme eles iam publicando suas histórias, eu ia fazendo interferências e dando sugestões em sala de aula. Para isso, analisamos obras de autores consagrados, como Gabriel García Márquez, Machado de Assis e o contemporâneo Daniel Galera. Os alunos também foram avaliados pela participação dentro da plataforma, com os comentários feitos nas fanfics dos colegas (BERTONI, 2019).

A professora Zandonadi relatou que conseguiu realizar o que chamou de "letramento multiletrado", quando se trabalha com "a multiplicidade semiótica exigida nas interações linguísticas digitais, como comentar e favoritar, e com a multiplicidade cultural", nesse caso representada pelo seriado *La Casa de Papel*, escolhido pelos alunos (BERTONI, 2019). Zandonadi, no entanto, demonstrou preocupação com a infraestrutura oferecida pelas escolas. A atividade que planejou foi realizada por meio da web e muitas escolas não possuem os equipamentos necessários. Segundo a professora,

> O desafio das escolas é trabalhar com o gênero no ambiente onde hoje ele está inserido: a internet. Esse trabalho exige que olhemos para o ensino da língua de forma dialógica, primeiro, sabendo que a interação é premissa desse olhar; e, segundo, que a escola ofereça estrutura para que os alunos possam interagir nesse ambiente, ou seja, computadores e acesso à internet, fato ainda distante da maioria das escolas brasileiras (BERTONI, 2019).

Nessa perspectiva, Zandonadi pensa que as escolas devem oferecer as condições para que os estudantes se apropriem das linguagens da web e desenvolvam as aptidões necessárias para se situar em meio a ambientes que já são digitais. De acordo com Zandonadi,

> uma vez que estamos imersos em práticas de comunicação e interação com o uso da linguagem, e a escola tem por princípio a introdução dos aprendizes em práticas sociais letradas, a expansão da internet nos impulsiona - ou pelo menos deveria - a pensar em novos paradigmas para a educação. E um desses paradigmas se relaciona ao mote da web 2.0, a interatividade, que envolve habilidades de autoria multimidiática e de análise crítica multimidiática, que, apesar de se relacionarem às habilidades tradicionais de produção textual e de leitura crítica, sem a prática contextualizada nossos alunos correrão o risco de serem tão marginalizados quanto aqueles que hoje são analfabetos (BERTONI, 2019).

O site I Love Libraries, mantido pela American Library Association (ALA)[9], relaciona algumas iniciativas em que o fandom é usado como recurso em atividades desenvolvidas por bibliotecas. Uma dessas iniciativas promissoras é a Conferência de Quadrinhos, um evento promovido anualmente pela Biblioteca Pública de Boise que "conecta a literatura com a cultura popular" (TICKET, 2016, tradução das autoras). A conferência envolve "escritores, artistas e fãs de todas as idades e entusiastas de todos os tipos que se reúnem em um evento que dura o dia inteiro" (TICKET, 2016, tradução das autoras).

Algumas bibliotecas alcançam públicos de idades específicas por meio do fandom. A Biblioteca Pública de Brookline organiza regularmente as Terças do Fandom, uma iniciativa com temáticas variadas para adolescentes, que é realizada sempre após o horário da escola. Os participantes escolhem o tema e as atividades de cada semana. De início o projeto era mensal e estava programado para ocorrer ocasionalmente, mas o evento inicial "foi tão bem recebido que a biblioteca decidiu torná-lo regular" (TICKET, 2016, tradução das autoras).

Da mesma natureza, o Clube Anime, promovido pela Biblioteca Pública de Marion, é um evento mensal voltado para adolescentes que "se reúnem para assistir e discutir animes, compartilhar desenhos e aproveitar lanches japoneses" (TICKET, 2016, tradução das autoras). Boa parte dos animes está disponível no formato impresso, como mangás, "um grande gancho para os usuários adolescentes da biblioteca, especialmente aqueles que são leitores relutantes mas possuem inclinação artística" (TICKET, 2016, tradução das autoras).

Outra atividade que estabelece parceria entre bibliotecas e escolas no uso de coleções de materiais especiais é a Conferência sobre Quadrinhos para Educadores e Bibliotecários, promovida pela Biblioteca Pública de San

---

9 http://www.ilovelibraries.org/

Diego com o objetivo de "impulsionar a adoção de quadrinhos nas salas de aula e discutir sobre as mais recentes pedagogias de ensino" que usam quadrinhos (WRIGHT, 2017, tradução das autoras).

Referências

ALVES, E. C. de A. Um estudo sobre fanfiction: a leitura e a escrita no ambiente digital. **Eventos Pedagógicos**, v. 5, n. 1, p. 38-47, jan./maio 2014. Disponível em: https://tinyurl.com/y6lc2h5q. Acesso em: 23 fev. 2019.

BERTONI, E. O que é fanfic e como ela é abordada na Base Nacional Curricular. **Nexo Jornal**, [s. l.], 10 jan. 2019. Disponível em: https://tinyurl.com/y2aw23w8. Acesso em: 8 maio 2019.

BRASIL. MINISTÉRIO DA EDUCAÇÃO. **Base Nacional Comum Curricular**. Brasília, 2017. Disponível em: http://basenacionalcomum.mec.gov.br/. Acesso em: 8 maio 2019.

CARVALHO, R. S. de et al. Desvendando relações entre a biblioteca e a sala de aula: da série Games of Thrones para o livro. **RBBD – Revista Brasileira de Biblioteconomia e Documentação**, São Paulo, v. 13, p. 2078-2089, dez. 2017. Disponível em: https://tinyurl.com/y6mgljzj. Acesso em: 18 abr. 2019.

CURI, P. P. Entre fan arts, fan fictions e fan films: o consumo dos fãs gerando uma nova cultura. ENCONTRO DE ESTUDOS MULTIDISCIPLINARES EM CULTURA, 6., Salvador, 2010. **Anais eletrônicos...** Salvador: UFBA, 2010. Disponível em: https://tinyurl.com/y6pk78k3. Acesso em: 21 set. 2018.

DANTAS, G. G. C.; MOURA, M. A. O universo cultural e criativo de fãs e suas implicações na produção de conteúdos: uma abordagem informacional. In: ENCONTRO NACIONAL DE PESQUISA EM CIÊNCIA DA INFORMAÇÃO, 14., 2013, Florianópolis. **Anais eletrônicos...** Florianópolis: UFSC, 2013. Disponível em: https://tinyurl.com/yym2mz8g. Acesso em: 5 jul. 2019.

FRADE, I. C. A. S. Alfabetização digital: problematização do conceito e possíveis relações com a pedagogia e com aprendizagem inicial do sistema de escrita. In: COSCARELLI, C. V.; RIBEIRO, A. E. (orgs.). **Letramento digital**: aspectos sociais e possibilidades pedagógicas. Belo Horizonte: Ceale; Autêntica, 2011.

LEAGUE of Divas. Facebook: leagueofdivas, 2019. Disponível em: https://tinyurl.com/y26b39qx. Acesso em: 24 abr. 2019.

OLIVEIRA, M. Coluna: Sobre fandoms. **Sobre Sagas**, [s. l.], 21 abr. 2013. Disponível em: https://tinyurl.com/yyr42h6x. Acesso em: 24 abr. 2019.

SILVA, B. D. de O.; SABBAG, D. M. A.; GALDINO, R. Fandoms e Fanfictions: novas perspectivas para o profissional da informação. **RBBD – Revista Brasileira de Biblioteconomia e Documentação**, São Paulo, v. 13, p. 1255-1274, dez. 2017. ISSN 1980-6949. Disponível em: https://tinyurl.com/yys9wbtb. Acesso em: 17 abr. 2019.

SIQUEIRA, M. A. P. de. **A desconstrução da fanfiction: resistência e mediação na cultura de massa**. 2008. Dissertação (Mestrado em Comunicação). Universidade Federal de Pernambuco, Recife, 2008. Disponível em: https://tinyurl.com/y6rxbwtg. Acesso em: 18 ago. 2018.

SPIRIT FANFICS. **Sobre o Spirit Fanfics e Históría**s. Disponível em: https://tinyurl.com/y2fuqz8m. Acesso em: 20 ago. 2018.

TICKET to fandom. **I Love Libraries**, 29 jun. 2016. Disponível em: https://tinyurl.com/y4xqstr7. Acesso em: 20 ago. 2018.

VARGAS, M. L. B. **O fenômeno fanfiction**: novas leituras e escrituras em meio eletrônico. Passo Fundo: Univ. de Passo Fundo, 2015. 135 p.

WRIGHT, A. Comics in the classroom: beyond Maus and Persepolis. **I Love Libraries**, 2 aug. 2017. Disponível em: https://tinyurl.com/y4uun5k9. Acesso em: 20 ago. 2018.

– CAPÍTULO TREZE –

PROMOVENDO A VIDA COM CRIANÇAS SOBREVIVENTES DO CÂNCER, UM RELATO SOBRE ESTRATÉGIA DE MEDIAÇÃO DA LEITURA

Poliana Fragatti
Noely Santos

Introdução

Falar sobre a importância da leitura em nosso país passou a ser uma temática apresentada por várias áreas do conhecimento. Todavia podemos destacar que sua grande maioria defendem o desenvolvimento da leitura ainda na infância. Antes de ser alfabetizada, a criança já tem seu primeiro contato com a leitura, através da oralidade. Na idade escolar, passa a ser também papel da escola, a responsabilidade de motivar o hábito e o prazer pela leitura. Nesta perspectiva o professor e do bibliotecário passam a ser os principais agentes ligados a este processo, possibilitando os caracterizar como mediadores da leitura.

O mediador da leitura tem por principal objetivo facilitar o intermédio do leitor e da leitura, agindo como um elo interligando-os, proporcionando algo significativo, na medida que o mediador propicia leituras que ajudaram na formação de um novo leitor.

A ampliação dessa visão para além das paredes da escola e da atuação do professor e bibliotecário, pode ocorrer através de uma biblioteca itinerante, gerando parcerias importantes onde a mediação da literatura pode ampliar a sua repercussão para vários aspectos da vida, incluindo a promoção da saúde.

O presente relato visa apresentar uma ação resultante da parceria entre o curso de Enfermagem de uma Instituição Particular de Ensino Superior e a Biblioteca, onde a mediação da leitura foi realizada por meio de um projeto de extensão coordenado por uma enfermeira em parceria com a bibliotecária para ajudar na promoção da saúde em crianças sobreviventes do câncer em uma cidade no interior do estado do Paraná.

Mediação da leitura como estratégia para a promoção da saúde

Discussões sobre a importância da leitura para o desenvolvimento dos indivíduos perpassam ao longo da história da humanidade. Não é atual estudos que comprovam a influência da leitura na formação profissional, social, cultural e até mesmo para a construção de valores morais e éticos do ser humano.

Muitas vezes acredita-se que os primeiros contatos com a leitura acontecem quando o indivíduo vai para a escola, entretanto, Senhorini e Bortolin (2012) discorrem sobre afirmando que a criança já no útero, absorve informações de acordo com as atividades desenvolvidas pela mãe. As autoras ainda destacam a importância de um preparo para o recebimento do bebê, oportunizando espaços adequados propiciando a leitura de textos nas diferentes linguagens, pois após seu nascimento, passa a assimilar tudo ao seu redor, assim "é no lar, ou numa instituição similar, que a criança recebe os primeiros estímulos para leitura" (SENHORINI e BORTOLIN, 2012, p. 131).

A criança nesta etapa, ainda não é alfabetizada, seu primeiro contato com a leitura surge através da oralidade, "escutar histórias é o início da aprendizagem para ser um leitor, e ser leitor é ter todo um caminho de descobertas e de compreensão do mundo" (BERNARDINHO, 2012).

Em cada etapa de seu crescimento, até chegar em idade escolar, todo o estímulo para criar o hábito e desenvolver o prazer pela leitura é responsabilidade da família. Assim como qualquer outra atividade, é essencial o prazer no processo na execução, pois quando se tem a tarefa de estimular o outro a criar um prazer, sendo ela em qualquer circunstância, o indivíduo que inicia o processo necessita demonstrar entusiasmo em sua execução. Gomes e Bortolin (2011, p. 158) destacam que "a leitura é um ato que depende da motivação recebida". As autoras complementam dizendo que após a influência da família, a escola poderá apresentar à leitura como uma importante ferramenta, para ter uma melhor qualidade de vida e competências para uma melhor compreensão de mundo.

Ao chegar em idade escolar, a criança se depara com várias possibilidades para o crescente desenvolvimento da leitura, pois grande parte das atividades escolares se baseiam na leitura, para Alliende (2008, p. 151) a escola exerce um papel primordial, e "necessita projetar a aprendizagem na leitura para todas as atividades que utilizam", ensinando habilidades da leitura.

Nesta perspectiva a biblioteca pode ser considerada uma excelente ferramenta. Côrte e Bandeira (2011) apontam que a biblioteca escolar é um espaço de estudo e construção do conhecimento, cooperando com a dinâmica da escola, favorecendo o enriquecimento intelectual e cultural, e incentivando o hábito de ler. Roca (2012) complementa descrevendo que a biblioteca escolar possui três funções primordiais: educativa, cultural e social, e recreativa educativa.

O discurso é otimista, entretanto Côrte e Bandeira (2011, p. 9) enfatizam que "talvez a função mais difícil da biblioteca escolar seja o de desenvolver e manter nas crianças, hoje, o hábito e prazer da leitura".

Em um contexto educacional, considerando a escola e biblioteca como único organismo, na dimensão de um país, onde a realidade social, econômica e cultura se difere, esta função torna-se ainda mais complexa.

No Brasil, diferentes pesquisas e estudos apontam para o grande problema da falta do hábito de leitura nas diferentes idades. A ausência desse hábito pode acarretar ao longo da vida a falta do desenvolvimento pessoal e profissional. "O homem precisa da leitura para se situar no mundo, para usufruir e se utilizar dos mecanismos disponíveis para sua sobrevivência, para se fazer cidadão." (ALMEIDA JÚNIOR, 2018, p. 73)

Discursar sobre a importância da leitura para o jovem ou adulto pode até funcionar, mas para criança não.

> É quase senso comum dizer que a leitura é importante, mas tal constatação não passa, na maioria das vezes, de discurso. As crianças [...] não aprendem a leitura pelo discurso sobre a leitura. Nessas fases, a construção do leitor faz-se por meio de um conjunto de estratégias [...] que de fato levem a criança ao livro, ao escrito sem muito discurso sobre importância. (SILVA, 2018, p. 98)

Silva (2012, p. 158) enfatiza que "formar leitores é uma das possibilidades do Brasil continuar a crescer", podemos interpretar assim que o processo do incentivo a leitura precisa ser desenvolvido na infância.

Um levantamento realizado pela "Pesquisa Retratos de Leitura no Brasil" entre jovens em 2015, apontou que este grupo lê apenas 4,96 livros por ano, apenas 0,94 são indicados pela escola. Rodrigues (2016) faz um anúncio otimista dos dados, pois o grupo de jovens leitores em 2011 indicavam 50%, e em 2015 passou a 56%. Apesar disso, Zoara Failla em 2018 declara em uma discussão realizada pelo Instituto Pró-Livro, que

> Não estamos conseguindo formar leitores críticos e preparados para ter as competências que a vida social ou profissional exigem. Precisamos investir mais na formação dos professores,

> ter um olhar diferenciado para as bibliotecas, integrando-as aos currículos das escolas e, ao mesmo tempo, envolver as famílias para que despertem o hábito nas crianças. (FAILLA / publicado por PECHI, 2018)

A pesquisa ainda apontou que adolescentes entre 11 e 13 anos são os que mais leem por gosto, correspondendo a 42% dos entrevistados, seguidos por crianças de 5 a 10 anos com 40%. É relevante destacar que a pesquisa ainda apontou que o público entre 5 e 10 anos apontou que as dicas oferecidas no âmbito escolar são que mais os motivam ler.

Nesta perspectiva podemos considerar a presença de um mediador. Pois, "vale destacar que o interesse pela leitura não surge de uma hora para outra: é necessário auxiliar a criança". (GOMES e BORTOLIN, 2011, p. 159)

Bortolin (2007) define que o mediador se encontra em uma situação privilegiada, levando o indivíduo a muitas descobertas, fazendo o papel de intermediário de leitura, pois é o "indivíduo que aproxima o leitor do texto. Em outras palavras, o mediador é o facilitador desta relação."

Como já mencionado, os primeiros mediadores a ter contato com as crianças são os membros de sua família, os que estão presentes em seu cotidiano. Entretanto Bortolin (2018) discorre sobre destacando que apesar desta responsabilidade ser primeiramente da família, representando os elos da criança com o mundo, de modo geral, não usam e não entendem a dimensão desta influência.

Todavia outros indivíduos podem ser considerados mediadores da leitura "os professores, os bibliotecários, os escritores, os editores, os críticos literários, [...] e até os amigos que nos emprestam um livro" (BORTOLIN, 2007), entretanto a autora acrescenta, enfatizando que os mediadores que recebem maior destaque são os familiares, professores e bibliotecários, "e estes precisam estar conscientes da responsabilidade que têm" (BORTOLIN, 2007)

A autora pontua a importância de considerar que algumas famílias, "não têm condições (econômicas e culturais) de cumprir a tarefa de mediar a leitura" (BORTOLIN, 2018, p. 38). Passando assim esta responsabilidade a escola, nas figuras do professor e do bibliotecário, tornando-os os principais mediadores da leitura de uma criança.

Para que a mediação da leitura ocorra é essencial que os mediadores tenham um perfil adequado para realizar tal processo. Silva e Bortolin (2018) destacam que para uma mediação eficaz, é indispensável o conhecimento sobre a arte e a literatura, possibilitando e ler os sentimentos humanos apresentados nas mais variadas linguagens. "Se o mediador está alheio ao processo artístico, pode apresentar dificuldade para encaminhar a leitura com a liberdade que ela exige quando da iniciação do leitor." (SILVA e BORTOLIN, 2018, p. 41).

Outro ponto a ser considerado é descrito por Silva (2006, p. 74) enfatizando que o mediador "deve ser leitor, caso contrário, terá dificuldade para mediar a leitura na escola, pois basicamente sua ação estará ancorada no discurso acerca do ler, e não na busca de estratégias eficazes à formação do leitor." Pois em algumas situações o mediador terá a necessidade de indicar leituras a serem realizadas, principalmente para as crianças, que por possível desconhecimento da literatura disponível, possuem a necessidade de um mediador da literatura.

Gomes e Bortolin (2011, p. 161) acordam destacando que "é fundamental que os mediadores (professores, bibliotecários etc.) selecionem os textos a serem oferecidos ao pequeno leitor.". Quando a mediação da literatura é voltada para as crianças é possível identificar o uso de vários textos de temáticas e suporte para problemas que possui relação com o real, situações problemas que a criança poderá enfrentar. Caldin (2002) indaga que "diferentes dos clássicos ao substituir fadas, bruxas e fantasias por pessoas e fatos do cotidiano, também seduzem porque comunicam as vivências das crianças em uma mensagem essencialmente artística (CALDIN, 2002, p. 34).

Entretanto é imprescindível destacar que já na infância, a criança poderá ter contato com leituras reflexivas, pois estimula seu imaginário. A leitura "[...] implica incorporar o conhecimento; somar a experiência anterior a descobertas novas, conduzindo a questionamentos. Assim, ler é um processo contínuo, um projeto que nunca se completa, pois a cada texto lido estamos reaprendendo a ler." (CALDIN, 2002, p. 32). Almeida Júnior (2018, destaca que a leitura atribui significados. Com esta atribuição a leitura se torna reflexiva.

Côrte (2011, p.3) destaca que a biblioteca escolar tem o papel de incentivar a leitura reflexiva, pois através dela os alunos terão outra concepção do texto, repleto de significados para vivência cotidiana da criança.

Voltando a figura dos mediadores, professor e bibliotecário, a mediação da leitura, o desenvolver na criança o gosto e prazer em ler, devem ultrapassar as paredes da escola, pois é importante reconhecer que a leitura pode estar em outros espaços promovendo reflexões importantes e revoluções na vida das pessoas e aqui queremos apresentar como a mediação da leitura pode atingir um grupo particular com uma trajetória de sofrimento que necessita ressignificar sua existência: a criança sobrevivente do câncer.

O câncer é uma doença grave com tratamento agressivo que traz para a criança repercussões físicas, psíquicas, sociais e espirituais e nesse sentido, é importante ressaltar que sobreviver à doença, não significa unicamente a cura física, mas a necessidade de reconhecermos que o sucesso do tratamento transcende a esfera biológica, estendendo-se para a dimensão existencial, que inclui inúmeras esferas do existir humano. (WHITAKER et al., 2013).

A criança sobrevivente do câncer e sua família necessitam contar com o apoio dos profissionais para enfrentar os novos desafios e para tanto, é fundamental ações multiprofissionais como a união bibliotecária e enfermeira que tragam um olhar integral para o ser o humano.

Buscando a promoção da saúde da criança sobrevivente do câncer na perspectiva de gerenciamento do viver, o conceito de Capital de Saúde proposto por Grossman (1972), considera a saúde um capital duradouro que tem como produto tempo de vida saudável, relaciona-se com o conjunto de fatores que propiciam bem-estar e a capacidade de reagir às demandas do meio ambiente em condições desestabilizadoras, foi transformado no "Cofrinho da Saúde.

O conceito adaptado para a criança se transformou no desafio de conhecer e incorporar comportamentos "moedas" saudáveis para que pudesse acumular um capital de saúde, uma vez que o processo de adoecimento lhe causou um grande "saque".

O projeto para desenvolvimento desse conceito denominou-se "Promovendo e a vida" e associou princípios da promoção e da mediação da leitura.

A mediação da leitura contribuindo para a promoção da saúde da criança sobrevivente do câncer: Projeto Promovendo a Vida

O Projeto Promovendo a Vida acontece em uma instituição do terceiro setor que atende pessoas com câncer em vulnerabilidade social desde março de 2017. Nasce da reflexão sobre a importância de ações de promoção da saúde da criança sobrevivente do câncer, uma vez que o tratamento traz consequências físicas, psíquicas e espirituais que necessitam ser abordadas para a formação de um adulto saudável. É um projeto realizado pelo curso de Enfermagem em parceria com a Biblioteca e conta com alunos voluntários dos cursos de Enfermagem e Pedagogia.

Acontece quinzenalmente e participam em média 10 crianças com idade entre seis e onze anos e concluiu sua terceira etapa.

Partindo da ideia de capital de saúde proposto por Grosmann e a importância do desenvolvimento de atitudes saudáveis, foi apresentado para as crianças o "Cofrinho da Saúde". Na primeira etapa, após conhecerem a importância do "Cofrinho da Saúde" iniciaram as atividades lúdicas para compreenderem a importância de oito remédios naturais: água, luz solar, ar puro descanso, alimentação saudável, equilíbrio, exercício físico e confiança em Deus. (NOGUEIRA, 1997)

Na segunda etapa do projeto, percebendo-se a necessidade de trazer para as crianças experiências concretas da utilização dos oito remédios e a estratégia escolhida foi a leitura de livros que traziam uma experiência real do tema desenvolvimento.

A partir das demandas trazidas pela enfermeira a bibliotecária analisou a coleção de livros que atingisse os objetivos.

Utilizamos a coleção Gincana da Saúde da autora Agatha Lemos que apresenta os oitos remédios naturais em sua coleção de oito livros que constituem parte do acervo da biblioteca escolar da instituição promotora do projeto. Em cada encontro foi realizado uma roda de leitura de um dos livros e cada criança lia um trecho. Após a leitura algumas das atividades apresentadas na história eram reproduzidas associadas à outras atividades lúdicas a reflexão sobre do comportamento saudável proposto na história.

As crianças tiveram a oportunidade de participar da Semana Literária da Instituição e tiveram a oportunidade de conhecer a autora Agatha Lemos, discutir, interrogar e trazer opiniões sobre os livros, além de se sentirem muito orgulhosos e honrados com o contato com autora.

Nesta primeira abordagem já foi possível perceber o interesse e participação de maneira surpreendente tanto com as atividades propostas, quanto com a leitura dos livros. As crianças ficavam ansiosas pela sua participação na leitura e reprodução das atividades apresentadas na história.

A terceira etapa se iniciou a partir da identificação de necessidades psicossociais e espirituais como o enfrentamento do Bullying na escola, desenvolvimento de autonomia e o desenvolvimento de emoções positivas, esta etapa teve como objetivo apresentar a importância dos valores para continuar enchendo o "Cofrinho da Saúde", continuando com livros que abordam essas temáticas.

As crianças puderam refletir valores através das lições trazidas nos livros:

- Mostrou que devemos dizer não ao Bullying: HONORA, Márcia. **A descoberta de leila**. São Paulo: Ciranda Cultural, 2009. (Ciranda da Diversidade).
- Através do porco espinho Tião e o urso Ernesto ensinou que precisamos dar carinho: HONORA, Márcia. **Uma lição de carinho.** São Paulo: Ciranda Cultural, 2009. (Ciranda da Diversidade).
- Mostrou a importância de organizar as nossas emoções: LIENA, Anna; MONT'ALVERNE NETO, Rosana (trad.). **O monstro das cores**. Belo Horizonte: Aletria, 2018.
- Ensinou que o difícil pode ser transformado: SHULEVITZ, Uri; STAHEL, Monica (trad.). **Mapa de sonhos.** São Paulo: WMF MArtins Fontes, 2009.
- Demi comprovou que podemos ser sempre honestos: DEMI; STAHEL, Monica. (trad.). **O pote vazio**. São Paulo: Martins Fontes, 2007.

Ao final da terceira etapa, as crianças relembraram as histórias dos cinco livros lidos e suas lições com muito entusiasmo e construíram um grande painel com as representações dos livros através de desenhos. Cada um expressou o que mais ficou no coração com muita vida.

Nesta fase o gosto da leitura foi testemunhado pelos livros que as crianças traziam, compartilhando com os colegas e a solicitação de empréstimo de livro da biblioteca.

Considerações finais

A leitura contribuiu para o envolvimento das crianças na participação ativa das atividades que trouxeram a possibilidade de fortalecimento para enfrentamento das dificuldades do cotidiano contribuindo para saúde mental das crianças e aquisição de hábitos saudáveis.

Como resultados preliminares podemos relatar que as crianças participaram ativamente das atividades propostas. A cada semana foi percebido o entusiasmo e a incorporação das atitudes saudáveis e relato de estratégias de enfrentamento.

O encantamento para o novo desafio e o orgulho dos processos realizados fortaleceram as crianças para lidarem com as sequelas do tratamento e para tomada de decisões saudáveis.

Os pais relataram que as mudanças se estenderam à família provocando mais uma revolução, agora para a promoção da vida.

É importante ressaltar que a maioria das crianças pertencem à contexto com limitações culturais e projeto através da mediação da leitura oportunizou a ampliação do repertório de vida e o desejo pelo aprendizado e crescimento através da leitura.

A biblioteca itinerante e a parceria enfermeira e bibliotecária possibilitou uma ação real, onde a mediação da leitura favorece o despertar pela leitura, o fascínio pelas novas histórias e a vivência que a leitura pode trazer experiências que poderão ser aplicadas para transformações novo viver, que no caso apresentado colaborou para a não apenas para a promoção da saúde de forma reducionista, mas para a promoção da vida de crianças sobreviventes do câncer.

Referências

ALMEIDA JÚNIOR, Oswaldo Francisco de. Bibliotecário escolar: seu perfil, seu fazer. In: SILVA, Rovilson José da; BORTOLIN, Sueli (Orgs.). **Fazeres cotidianos na biblioteca escolar.** 2. ed. São Paulo: ABECIN, 2018. Disponível em: https://docplayer.com.br/76631475-Fazeres-cotidianos-na-biblioteca-escolar.html. Acesso em: 07 ago. 2019.

BORTOLIN, Sueli. O mediador de leitura. **INFOhome**. jun. 2007. Disponível em: https://www.ofaj.com.br/colunas_conteudo.php?cod=302. Acesso em: 07 ago. 2019.

CALDIN, Clarice Fortkamp. A oralidade e a escritura na literatura infantil: referencial teórico para a hora do conto. **Encontros Bibli: Revista Eletrônica de Biblioteconomia e**

Ciência da Informação. Florianópolis -SC. v. 7, n. 13, p. 25-38, 2002 . Disponível em: https://periodicos.ufsc.br/index.php/eb/article/view/1518-2924.2002v7n13p25/5213. Acesso em: 08 ago. 2019. ISSN: 1518-2924.

CÔRTE, Adelaide Ramos; BANDEIRA, Suelena Pinto. **Biblioteca escolar**. Brasília: Briquet de Lemos, 2011.

GOMES, Luciano Ferreira; BORTOLIN, Sueli. Biblioteca escolar e a mediação da leitura. **Semina: ciências sociais e humanas. Londrina**, v. 32, n. 2, jul./dez., p. 157-170. 2011. Disponível em: http://www.uel.br/revistas/uel/index.php/seminasoc/article/view/11962/13823. Acesso em: 06 ago. 2019.

GROSSMAN, Michael. On the concept of health capital and the demand for health. **Journal of Political Economy.** 80, 223-255, 1972.

NOGUEIRA, Helnio Judson. Medicina Adventista - existe isso? In: **Anais I Congresso Brasileiro Adventista de Saúde**. São Paulo: Instituto Adventista de Ensino. São Paulo. p. 32-9, 1997.

PECHI, Daniele. IPL na Bienal: Inaf 2018 e Retratos de Leitura do Brasil. **Plataforma Pró-Livro.** 2018. Disponível em: http://plataforma.prolivro.org.br/ipl-na-bienal-inaf-2018-e-retratos-da-leitura-no-brasil/. Acesso em: 07 ago. 2019.

ROCA, Glória Durcan. **Biblioteca Escolar Hoje:** recurso estratégico para a escola. Porto Alegre: Penso, 2012.

RODRIGUES, Maria Fernanda. Cresce o número de leitores entre jovens. **Exame.** 2016. Disponível em: https://exame.abril.com.br/brasil/cresce-o-numero-de-leitores-entre-jovens/. Acesso em: 06 ago. 2019.

SENHORINI, Mariana; BORTOLIN, Sueli. Bebeteca: um espaço de mediação oral da leitura. In: BARBALHO, Célia Regina Simoneti et al. (Org.). **Espaços e ambientes para leitura e informação**. Londrina: ABECIN, 2012.

SILVA, Rovilson José da. Formar leitores na escola. In: SILVA, Rovilson José da; BORTOLIN, Sueli (Orgs.). **Fazeres cotidianos na biblioteca escolar.** 2. ed. São Paulo: ABECIN, 2018. Disponível em: https://docplayer.com.br/76631475-Fazeres-cotidianos-na-biblioteca-escolar.html. Acesso em: 07 ago. 2019.

SILVA, Rovilson José da. Formar leitores na escola. In: SILVA, R. J.; BORTOLIN, S. **Fazeres cotidianos na biblioteca escolar.** São Paulo: Polis, 2006. p. 73.

SILVA, Rovilson José da. Projetar a biblioteca da escola: recomendações. In: BARBALHO, Célia Regina Simoneti et al. (Org.). **Espaços e ambientes para leitura e informação**. Londrina: ABECIN, 2012.

SILVA, Rovilson José da; BORTOLIN, Sueli. Reflexões sobre a leitura e a biblioteca escolar. In: SILVA, Rovilson José da; BORTOLIN, Sueli (Orgs.). **Fazeres cotidianos na biblioteca escolar.** 2. ed. São Paulo: ABECIN, 2018. Disponível em: https://docplayer.com.br/76631475-Fazeres-cotidianos-na-biblioteca-escolar.html. Acesso em: 07 ago. 2019.

WHITAKER, Maria Carolina Ortiz et al. A vida após o câncer infantojuvenil: experiências dos sobreviventes. **Rev. bras. enferm.**, Brasília , v. 66, n. 6, p. 873-878, Dec. 2013.

- CAPÍTULO CATORZE -

UMA COSTURA QUE NÃO SE VÊ: CONTAÇÃO DE HISTÓRIAS E LEITURA EM BIBLIOTECAS DO BRASIL E DA ESPANHA

Felícia Fleck

Considerações iniciais

Contar histórias, prática ancestral realizada desde tempos imemoriais em diferentes culturas e épocas, diz respeito tanto à necessidade humana de comunicação, quanto à necessidade de contato com a arte, a estética, a literatura[10] e a fabulação.

A contação de histórias, nos moldes contemporâneos, apóia-se na oralidade em sua forma de transmissão, mas se relaciona diretamente com a escrita à medida que o contador de histórias contemporâneo[11] busca aí seu material de trabalho.

A palavra escrita, usualmente, é a matéria-prima do narrador, que lhe oferece uma nova roupagem para que possa ser transmitida oralmente. A forma oral, por sua vez, confere à palavra novos significados e produz novas formas de narratividade.

---

[10] Definida como "todas as criações de toque poético, ficcional ou dramático em todos os níveis de uma sociedade, em todos os tipos de cultura, desde o que chamamos folclore, lenda, chiste, até as formas mais complexas e difíceis da produção escrita das grandes civilizações" (CANDIDO, 1995, p. 174).

[11] O contador de histórias contemporâneo vive no meio urbano e se apropria das características e especificidades de seu tempo, incorporando-as ao seu fazer. Sua arte se aproxima da arte teatral e o apreço pela naturalidade e intimidade com o público são aspectos significativos (BUSATTO, 2005; FLECK, 2007; MATOS, 2005; SISTO, 2001).

É um sistema que se retroalimenta e está em constante diálogo: de um lado, o contador traduz e adapta a palavra escrita à forma oral; de outro, ele também registra as histórias que aprendeu de ouvido, seja para uso e estudo próprio ou para divulgação por meio impresso.

Por vezes, o objeto livro, entra em cena e é lido em voz alta, dialogando com as narrativas orais. Além disso, ao final das sessões de contação de histórias, é comum que os narradores façam referências e apresentem as fontes escritas de onde partiram os contos narrados. Sendo assim, o contador de histórias, além de um leitor, pode ser também considerado um mediador de leitura.

O universo da contação de histórias é bastante amplo, adequando-se a muitos espaços e a fins diversos. Percebe-se, entretanto, uma demanda crescente dessa prática nas instituições escolares e culturais, com o estabelecimento de horários próprios para a atividade, além da contratação de profissionais especialmente dedicados a esta tarefa (SISTO, 2001; RIBEIRO, 2006).

A biblioteca, entendida como equipamento cultural, democrático e plural, se configura como espaço legítimo para abrigar o ato de contar histórias. Sendo uma das possibilidades de atuação do contador de histórias, apresenta particularidades em relação ao uso e apropriação de seu espaço físico e simbólico.

O presente texto[12] apresenta relatos de contadores de histórias profissionais, que atuam em bibliotecas públicas do Brasil e da Espanha, acerca da leitura e da contação nestes espaços.

Procedimentos metodológicos

A metodologia utilizada neste estudo foi a história de vida, que se caracteriza, de acordo com Lucília Delgado (2006, p. 21), por

---

12 É parte da pesquisa de doutorado, denominada "A identidade como narrativa: histórias de contadores de histórias em Santa Catarina", que investigou as relações entre as narrativas pessoais de histórias e a constituição da identidade dos contadores, a partir da perspectiva do sociólogo francês Claude Dubar, que leva em conta a trajetória, a individualidade e a subjetividade do sujeito em relação ao mundo do trabalho.

> depoimentos aprofundados e, normalmente, mais prolongados, orientados por roteiros abertos, semi-estruturados ou estruturados, que objetivam reconstruir, por meio do diálogo do entrevistador com o entrevistado, a trajetória de vida de determinado sujeito (anônimo ou público), desde sua mais tenra infância até os dias presentes.

Esta metodologia de trabalho está alicerçada na história oral, que, segundo Alberti (2013, p. 24):

> é um método de pesquisa (histórica, antropológica, sociológica, etc.) que privilegia a realização de entrevistas com pessoas que participaram de, ou testemunharam, acontecimentos, conjunturas, visões de mundo, como forma de se aproximar do objeto de estudo. (...) Trata-se de estudar acontecimentos históricos, instituições, grupos sociais, categorias profissionais, movimentos, conjunturas, à luz de depoimentos de pessoas que deles participaram ou os testemunharam.

A história oral tem caráter interdisciplinar e se presta a diversas abordagens. Tem relação estreita com categorias como biografia, tradição oral, memória, linguagem falada, métodos qualitativos, etc. Dialoga com diversas áreas das ciências humanas, sociais e da saúde (ALBERTI, 2013).

Essa metodologia prioriza a alteridade e a singularidade dos sujeitos na história, tendo em vista que os relatos são pistas sobre a consciência que a pessoa tem de si mesma no mundo. Os fragmentos de memória, os relatos apresentados pelo entrevistado, mesmo que com a participação do entrevistador, nos dão condições de refletir e perceber quais são as imagens, percepções, qual ou quais identidades são reivindicadas e construídas por ele.

Adotar o método de trabalho com fontes orais é valorizar a subjetividade do indivíduo, levando em conta, segundo Portelli (1997), mais os significados do que os eventos. É entrar em contato, não apenas com o evento em si, mas com o que as pessoas pensam sobre ele, o que fizeram, o que queriam fazer, o que acreditavam estar fazendo e até mesmo, o que hoje pensam acerca do que fizeram. "É a recuperação do vivido conforme concebido por quem viveu" (ALBERTI, 2013, p.31). É a história da memória dos acontecimentos, de como eles repercutem até os nossos dias. E como eles lançam nova luz sobre áreas inexploradas, ressignificando e atualizando o passado e o presente.

Neste estudo, fiz uso da pesquisa biográfica múltipla, que é um conjunto de depoimentos de história de vida de sujeitos que atuam em um mesmo grupo profissional, neste caso, contadores de histórias atuantes em Santa Catarina e em Barcelona. Entrevistei um contador de histórias de cada uma das seis mesorregiões do estado de Santa Catarina[13], com o intuito de obter uma representatividade dos contadores atuantes no estado. Em Barcelona, os contadores foram eleitos a partir de indicação da coordenação das atividades nas bibliotecas públicas, seguindo os critérios de rede, que segundo Gattaz (1996, p. 263) "dá continuidade social à experiência humana, permitindo a captação da experiência histórica".

Para a seleção da amostra, no Brasil e na Espanha, levei em consideração que o entrevistado deveria:

- considerar-se um contador de histórias profissional;
- exercer atividade profissional como contador de histórias há pelo menos cinco anos;
- atuar ou já ter atuado em bibliotecas (especialmente públicas e comunitárias) de sua mesorregião.

Considera-se contador de histórias profissional aquele que desenvolve esse trabalho de forma contínua e que recebe remuneração para tal. Não é necessário que viva exclusivamente dessa atividade, mas que ela ocupe papel significativo em sua prática profissional.

---

[13] A saber: Grande Florianópolis, Norte Catarinense, Oeste Catarinense, Serrana, Sul Catarinense e Vale do Itajaí.

Primeiramente foi traçado um panorama dos potenciais entrevistados, por meio de mapeamento prévio de ações, projetos e grupos de contadores de histórias que desenvolvem trabalho em bibliotecas de Santa Catarina. Trata-se de um universo pouco conhecido e pouco divulgado. Em Barcelona, a situação é bastante diversa, já que existem 40 bibliotecas públicas municipais que oferecem atividades de contação de histórias regularmente. Sendo assim, há muitos profissionais em atuação.

Na medida do possível, busquei entrevistar pessoas que tivessem áreas de formação inicial distintas. Não consegui ter uma representatividade de gênero igualitária[14]. Abaixo, apresento o perfil dos entrevistados:

Tabela 1 - Perfil dos entrevistados

SANTA CATARINA	BARCELONA
• Faixa etária: entre 27 e 50 anos; 5 mulheres e 1 homem; • Formação inicial: Teatro, educação, biblioteconomia. • Contam histórias entre 05 e 14 anos. • Contam em bibliotecas, escolas, feiras de livro, festivais, festas de aniversário, teatros, empresas. • Ministram oficinas de formação de contadores de histórias.	• Faixa etária: entre 33 e 56 anos; 5 mulheres e 1 homem; • Formação inicial: Teatro, serviço social, tradução, música, biblioteconomia. • Contam histórias entre 11 e 33 anos. • Contam em bibliotecas, festivais, escolas, editoras; centros cívicos, teatros, presídio feminino, museus, bares. • Ministram oficinas de formação de contadores de histórias.

Fonte: A Autora

As entrevistas de história de vida realizadas com os contadores brasileiros e espanhóis contemplaram vários itens, relacionados às suas memórias de infância, escolha e trajetória profissional, e a sua constituição

[14] É importante destacar que pela pesquisa envolver pessoas que desenvolvem trabalho de contação de histórias em bibliotecas (e especialmente de ser esse perfil bastante restrito no Brasil), a variável sexo não foi determinante no momento de composição da amostra. Em função disso não nos parece um problema o fato de haver uma predominância de mulheres entrevistadas.

identitária como contadores de histórias[15]. No recorte para este texto, me atenho aos relatos de suas experiências sobre o contar histórias no espaço da biblioteca e a relação dessa atividade com o incentivo à leitura.

De acordo com as condições acordadas com os entrevistados a partir do Termo de Consentimento Livre e Esclarecido (TCLE), nenhum deles teve sua identidade revelada. Cada um escolheu uma personagem de seu repertório pessoal ou de contos populares, que fosse de seu agrado, para ser identificado no texto.

Relatos e reflexões dos contadores

Questionados sobre o ambiente da biblioteca, alguns deles acreditam ser este o mais propício para contar histórias, especialmente quando realizam o trabalho com frequência:

> Acho que é mágico. Para mim o lugar mais apropriado para uma contação de histórias é dentro de uma biblioteca (Maria).

> Eu gosto de contar histórias na biblioteca pela questão de que eu conto e eles podem manusear os livros, indiferentemente se a história que eu contei é com livro ou não, se vão manusear a minha história ou qualquer outra. Eu gosto disso, gosto de vê-los manuseando, eles procurando elementos da história que eu contei, fazendo relação (Chapeuzinho Amarelo).

> Contar en biblioteca es muy cómodo, creo que es el espacio más cómodo, porque el espacio ya es recogido por sí y cuando hay una actividad ya está marcado, es decir, se sabe que va a tener esta actividad y por tanto el espacio me prepara para eso, se mueven los muebles, sitúas al público y durante ese tiempo eso es lo que va suceder. Puede que estén pasando otras cosas, pero se intenta que se distraccionen lo menos posible las sesiones. Entonces

---

[15] Para ler a tese na íntegra: http://tede.ufsc.br/teses/PCIN0176-T.pdf

> contar en bibliotecas para mí es súper agradecido y contar en la biblioteca que tu trabajas es súper cómodo, porque el espacio tu ya lo conoces. Sí que es verdad que cuando cuentas en la biblioteca en que tu trabajas, tú la estás dando un uso que no es el habitual al espacio, pero también te sientes en casa, es como recibir a tus amigas para tomarte un té o un café, estás en tu espacio que te sientes súper cómoda (Sherezade).

Embora identifiquem que a prática seja a mesma do contar em outros lugares

> Contar na biblioteca é a mesma prática do que contar em outros lugares, [...] eu só acho mais mágico o ambiente, [...] pela leitura eu acho, pelo que a leitura te proporciona: imaginação, fantasia. Mas é a mesma prática, se eu contar ali fora é o mesmo ritual, com o livro, sem o livro, a brincadeira inicial que eu uso (Maria).

Por outro lado, contar neste espaço demanda flexibilidade, já que não se tem um planejamento prévio do público participante, ao menos no caso dos contadores espanhóis, que são contratados para circular em diferentes bibliotecas e as atividades são desenvolvidas para o público espontâneo.

> Cuando te vas a contar en las bibliotecas te tienes que armar tanto, preparar para todo, plan A, plan B, plan C, tienes que estar siempre muy despierto. Contar en biblioteca hay siempre un público diferente, el espacio siempre es diferente. Primero tienes que ir, ver el espacio, yo cuando no conozco la biblioteca voy antes para ver cómo va la gente con la sala, como va las madres, como los niños van a buscar libros, como la bibliotecaria o el bibliotecario se acerca a ellos, como ellos se acercan, como dejan los libros, los ruidos del ambiente (Patufet).

Eles acreditam que a relação com o espaço da biblioteca promove uma interação diferente com as pessoas, segundo aponta Saci

> Eu acho que quando acontece dentro das bibliotecas, nas experiências que eu tive, sempre foram experiências mais próximas, você está muito mais próxima das pessoas, você as acolhe de uma maneira diferente. Talvez a palavra dentro da biblioteca seja acolhida pelas pessoas de uma maneira diferente também, porque o ambiente faz a pessoa se perceber diferente na experiência com o que você está dizendo, diferente de quando você está num grande auditório, que você tem outra relação de espetacularidade com as pessoas (Saci).

Essa maior proximidade com o público pode favorecer uma característica imprescindível da narração oral, na visão de Céspedes (1991, p. 99): o fato de não se contar histórias para os demais, mas sim, com os demais; contar a partir das ressonâncias que o conto vai encontrando nos olhos, sorrisos e expressões do público. Trata-se, assim, de um "ato aberto, uma criação coletiva com a platéia".

Em relação aos objetivos dos contadores em desenvolver o trabalho nesse espaço, inevitavelmente surge a questão do incentivo à leitura.

Alguns contadores têm uma intenção clara em relação a isso, direcionando sua prática:

> Tengo la idea de tener siempre el fomento a la lectura, por eso detrás de la sesión hay los libros detrás. Eso siempre lo respecto mucho. Hay muchas maneras de contar y todas son validas, pero mi manera es así, haciendo referencia a libros, que lo presento, que lo utilizo en algún momento, que lo enseño (Pippi).

Outros se referem à questão como algo involuntário, como consequência estabelecida a partir do gosto pela arte de narrar

> Não digo que a contação de história em primeiro plano vai incentivar à leitura, acho que por si só vai incentivar, mas acho que têm coisas mais importantes, como a imaginação, a criatividade

> [...] Não quero dizer que o incentivo à leitura fique em segundo plano, mas é uma coisa involuntária (Severino).

> O meu contar história não é pelo incentivo à leitura, é pelo prazer de ouvi-las, o incentivo à leitura é consequência. Acho que o ambiente não interfere, acho que um existe sem o outro, não são coisas indissociáveis. Eu gosto muito de ler, então gosto de ver eles criando amor pelos livros, se eu só contar histórias toda a vida, não tivesse o ambiente (da biblioteca), talvez eu sentisse que falta alguma coisa (Chapeuzinho Amarelo).

> Yo siempre pienso que la narración tiene que estar en el lugar de los libros. A mí me parece, en la biblioteca, en la sala infantil. Porque cuando tu acabas es tan fácil decirles... Yo no cuento cuentos para acercarme de la lectura. Yo cuento porque a mí me gusta y porque él o ella pueden tener la capacidad de descubrir cantidades de cosas (Patufet).

> La narración tiene que ser un arte en sí mismo y tiene que ser un arte gozoso, tiene que funcionar como cuento, tiene que encantarme y solo entonces, puede ser una herramienta para... Entonces yo me enfoco en eso, el cuento tiene que ser una maravilla. Solo el hecho de que los niños vayan a la biblioteca y disfruten en la biblioteca de un cuento ya estas acercándolos a la literatura, porque ven que en la biblioteca se goza, la biblioteca es divertida. La relación es natural cuando estás en el espacio infantil con los libros o cuando preguntas "te gusto ese cuento? Lo saqué de aquí". No tienes que decir: "lee!", con esto ya es suficiente (Tío Conejo).

Sobre esta temática, Bajard (2002, p. 98) reforça: "a escuta de histórias não é necessariamente um meio de aproximação do livro". Não há uma relação automática e natural entre esses dois elementos, é preciso que essa relação seja construída, se assim se pretende, considerando as especificidades das práticas de oralidade e escrita.

Mesmo que o incentivo à leitura não seja o único ou o principal objetivo ao contar, a biblioteca é percebida como espaço de leitura e os contadores salientam a preocupação em referenciar o livro / história que contaram

> *Às vezes eu escuto na biblioteca, mas essa história tem livro? Então eu já deixo o livro separado (Severino).*

> Normalmente em todos os lugares que eu conto, se eu tenho a possibilidade, eu levo os livros junto para mostrar, essa história tem nesse livro. No fim o objetivo é sempre esse. Se as pessoas estão dispostas a ouvir, eu estou disposta a contar, é meio que um contrato, uma coisa ali na hora. [...] Eu sempre gosto de mostrar o livro ao final (Obax).

> E a contação dentro da biblioteca fazia com que as crianças fizessem o link muito instantâneo, que as vezes a gente dizia ao final, vocês gostaram? Querem mais? Ó, tem lá, tem nos livros. E era aquela festa, então eu acho que uma contação feita dentro de um espaço que tenha livros vai fazer o link das histórias com os livros (Mariana)

> Yo creo que siempre es imprescindible que cuando hay una sesión de cuentos, desde la biblioteca se haga una selección de materiales relacionados con esa sesión, que ese material se pueda llevar en préstamo y que haga una exposición de esos materiales que los padres, acompañantes de los niños puedan leer, puedan tocar y puedan saber que se los puedan llevar (Sherezade).

O retorno da prática pode ser percebido objetivamente, como no relato de Mariana e Pippi

> Para nós houve um ganho muito grande quando a gente viu o relatório da biblioteca e viu que no período do festival, do circuito,

aumentou o número de carteirinhas, aumentou o número de empréstimos e as crianças que vieram para o circuito, uma grande parte, acho que uns oitenta por cento nunca tinham ido à biblioteca pública, foram pela primeira vez. Então a gente conseguiu três coisas, que as pessoas conhecessem a biblioteca pela primeira vez, que elas fizessem a carteirinha e que elas pegassem livros (Mariana).

Me gusta hacer la referencia a todos los libros que tengo detrás, los enumero y explico un poquito, mismo que no los he contado. Los dejo allí y los libros vuelan. Cuando los dejaba y nos los mencionaba la gente se iba, pero cuando los toca y les dejas con las ganas, los llevan de préstamo. A mí me ilusiona, he plantado una semillita (Pippi).

Ou de forma mais subjetiva, em outros relatos. A ideia de que estão "plantando uma semente" é recorrente entre os contadores

Aqui eu não sei, porque muitas vezes os alunos que vem são de comunidades pequenas, mas acredito que lá na escola eles procuram um pouco mais pelo livro, vão procurar se tem biblioteca na escola. Pelo menos uma sementinha, alguma coisa fica. Eu espero, eu quero acreditar, porque eles gostam (Maria).

É uma forma de eu plantar uma semente. E a coisa de mostrar para as pessoas que o meu intuito de contar histórias é que a pessoa vá buscar o livro, vá buscar a leitura, vá buscar a história. Que é fazer com que esse prazer que eu sinto, ela também sinta. Meu intuito é viciar eles na biblioteca, viciar em livros, esse prazer que eu sinto todos eles também podem sentir, é muito gostoso, é muito bom (Obax).

Yo creo que es como una semilla que plantamos, una manera de hacer con que ellos se acerquen de las historias, creo que eso va minando por allí. No veo la necesidad en mi trabajo de decir sobre

> la imaginación y sobre los libros, yo creo que todo eso ya está por debajo, es como una costura que no se ve, me parece que marcarlo ahí no es necesario. Me gusta más lo sutil (Cenicienta).

> Yo siempre voy media hora antes de la sesión y lo preparo yo. Como conozco mucho los libros, lo hago en un momento. Es como un ritual para mí y me gusta recomendar libros que conozco. Me funciona porque veo que cuando los niños llevan los libros, en casa el padre o el niño explicará otra vez, el cuento que yo he explicado, a su manera, rememoraran el momento que han vivido en la biblioteca y se asomarán esa experiencia y ese vinculo con la lectura, agradable o verán que me inventado un montón de cosas y eso los hará pensar, creo que eso es parte del juego, divertido (Pippi).

A semente a ser plantada passa pela via do afeto, na relação com o livro, com a leitura e com os ouvintes

> E começa a ter um movimento que é de afeto mesmo e que eles começam a confiar no que você diz, então se você mostra um livro e diz que esse livro é muito bom, por causa disso, disso e disso, ele confia em você e quer ler aquele livro porque confiou em você e a história que você contou antes, ele curtiu também (Saci).

Saci acredita que na biblioteca há um vínculo diferente que se constrói na relação com as pessoas. Talvez isso se dê em função da frequência com que a experiência se repete, o que possibilita uma construção conjunta de proximidade e afeto, acolhimento e confiança.

Para Céspedes (1991) a arte de narrar é o resultado de uma busca do equilíbrio entre a personalidade do conto, a personalidade do narrador, a personalidade coletiva do público, a personalidade do lugar e a personalidade da circunstância em que se conta. Tendo isso em vista, cada apresentação de contação de histórias é uma mescla dessas condições, fazendo com que seja ímpar e impregnada de subjetividades.

Mas nem sempre a biblioteca dispõe de ambiente apropriado para a prática da contação, seja em relação ao espaço físico, seja em relação à concepção como equipamento cultural. Muitas vezes é necessária uma ressignificação do espaço:

> A gente tem que tomar um cuidado para a biblioteca não se tornar um depósito de livros. O lugar onde a biblioteca estava instalada, era também o escritório da organização da praça, então tudo acontecia ali e se resolvia ali. Acho que realizar o projeto no espaço foi bem importante para resignificar o espaço, para mostrar que aquele espaço ali não podia ser só um depósito de livros, não era um lugar onde os livros estavam armazenados (Saci).

A resignificação do ambiente da biblioteca nos faz pensar no quanto a prática do contador não deveria estar isolada ou acontecendo de maneira pontual. A importância do trabalho coletivo, com o envolvimento dos gestores do espaço, dos bibliotecários e demais funcionários, é essencial para potencializar e fortalecer o trabalho desenvolvido.

Finalizo ressaltando que as bibliotecas devem ser espaços para o encontro, como defende Castrillón (2011, p. 36), "onde crianças, jovens e adultos de todas as condições, leitores e não leitores, escolares e não escolares, encontrem respostas a seus problemas e interesses e lhes sejam abertas novas perspectivas". Dessa forma, as bibliotecas se constituem espaços democráticos e de acesso à leitura e às histórias.

Referências

ALBERTI, Verena. **Manual de história oral**. Rio de Janeiro: FGV, 2013.

BAJARD, Élie. **Caminhos da escrita**: espaços de aprendizagem. São Paulo: Cortez, 2002.

BUSATTO, Cléo. **Narrando histórias no século XXI**: tradição e ciberespaço. 132 f. 2005.

Dissertação (Mestrado em literatura). Universidade Federal de Santa Catarina, 2005.

CANDIDO, Antonio. O direito à literatura. In:____ **Vários escritos**. São Paulo: Duas cidades, 1995.

CASTRILLÓN, Silvia. **O direito de ler e de escrever**. São Paulo: Pulo do Gato, 2011.

CÉSPEDES, F. Garzón. **El arte escénico de contar cuentos**. Madrid: Ed. Frakson, 1991.

DELGADO, Lucilia de Almeida Neves. **História oral**: memória, tempo, identidades. Belo Horizonte: Autêntica, 2006.

FLECK, Felícia de Oliveira. **A identidade como narrativa**: histórias de contadores de histórias em Santa Catarina. Florianópolis, 2018. 213 f. Tese (Doutorado em Ciência da Informação) – Programa de Pós-graduação em Ciência da Informação. Universidade Federal de Santa Catarina, Florianópolis, 2018. Disponível em: http://tede.ufsc.br/teses/PCIN0176-T.pdf.

FLECK, Felícia de Oliveira. O contador de histórias: uma nova profissão? **Encontros Bibli**, Florianópolis, v. 23, 2007. Disponível em: http://www.encontros-bibli.ufsc.br.

GATTAZ, André Castanheira. **Braços da resistência**: uma história oral da imigração espanhola. São Paulo: Xamã, 1996.

MATOS, Gislayne Avelar. **A palavra do contador de histórias**: sua dimensão educativa na contemporaneidade. São Paulo: Martins Fontes, 2005.

PORTELLI, Alessandro. Forma e significado na história oral: a pesquisa como um experimento em igualdade. **Projeto História**, PUC, São Paulo, n. 14, fev. 1997, p. 7-23.

RIBEIRO, Jonas. **Ouvidos dourados**: a arte de ouvir as histórias (...para depois contá-las...). São Paulo: Ave Maria, 2006.

SISTO, Celso. **Textos e pretextos sobre a arte de contar histórias**. Chapecó: Argos, 2001.

– CAPÍTULO QUINZE –

A MEDIAÇÃO DE LEITURA LITERÁRIA ATRAVÉS DA TECNOLOGIA ASSISTIVA PARA A PESSOA COM DEFICIÊNCIA VISUAL NA BIBLIOTECA PÚBLICA DE LAGOA SANTA - MINAS GERAIS

Paula Renata Mariano
Tatiana Soares Brandão

Introdução

O contexto da nossa sociedade contemporânea é marcado por várias transformações ao longo do tempo em relação aos processos de produção da informação e do conhecimento. É essencial um profissional que possua habilidades e competências que viabilizem às pessoas um serviço que contribua para a transformação social através da democratização do acesso à informação. O bibliotecário deve ser um profissional atuante nessa sociedade onde a informação é fundamental para o seu desenvolvimento, ele deve gerir a informação e o conhecimento atuando tanto como mediador informacional, quanto educacional, conforme explica Píres, (2012, p. 3):

> ...os bibliotecários podem contribuir, ajudando na formação

> do intelectual do leitor, promovendo o hábito da leitura e incentivando a cultura, visando informar e educar o usuário no uso da informação, facilitando o processo de construção do conhecimento uma vez que esse se dá pela função da disseminação da informação e dando condições de autonomia ao consulente capacitando, orientando quando ao uso da informação, usando também os produtos e serviços da biblioteca, pois, esta tem a informação como seu objeto de trabalho e que são de suma importância para o aprendizado...

Em relação a mediação da leitura literária o bibliotecário deve ser um incentivador, criar condições favoráveis e estabelecer estratégias de fomento a este gênero específico, promover o texto literário. É seu papel mediar o acesso a literatura para todos, incluir minorias e grupos sociais marginalizados do processo de aquisição cultural por meio da leitura literária. Segundo Guida (2018) "a literatura proporciona e transforma os pensamentos, através dela o homem se expressa, abre a mente para reflexões e questionamentos, torna as pessoas mais sensíveis à condição do seu semelhante, humaniza, como também proporciona prazer." A literatura é ainda uma forma de expressão da arte, assim como a língua é parte integrante da cultura de um povo.

O registro da literatura se dá através da escrita, a maior parte da produção de livros é impressa em tinta o que dificulta o acesso ao texto pelas pessoas com deficiência visual. A impressão em braile é mais cara, sua produção é mais lenta, não é comercial, não há uma variedade de títulos disponíveis em formatos acessíveis tão rica quanto impressa em tinta, além disso, nem toda pessoa com deficiência visual sabe utilizar o sistema braile.

Entretanto, com os avanços na área da ciência da computação surgem cada vez mais novos recursos que ajudam a superar estes obstáculos e podem ser colocados a disposição das pessoas com deficiência visual nas bibliotecas. Neste caso, a atuação do bibliotecário deverá ir além de reunir e disponibilizar livros acessíveis, ele precisa conhecer os recursos de tecnologia assistiva disponíveis e disponibilizá-los e apresentá-los ás pessoas com deficiência visual (PDV).

Dessa forma o acesso aos recursos de tecnologia assistiva são um facilitador no processo de mediação da leitura literária. Bernardes (2010, p.1), defini Tecnologia Assistiva como "os recursos que contribuem para proporcionar vida independente aos deficientes" e ainda explica:

> São muitos os recursos utilizados hoje no ensino de deficientes visuais no Brasil; alguns velhos conhecidos do universo da deficiência visual e outros vinculados à introdução de tecnologias no ensino: reglete, punção, livro adaptado, livro falado e sistema Dosvox, entre outros. (BERNADES, 2010, p.1).

Os audiolivros são outro formato acessível muito útil para a pessoa com deficiência visual, "especialmente no que diz respeito à literatura infantil, pois favorecem a compreensão, uma vez que livros para esta faixa etária contam com imagens e coloridos que só podem ser compreendidos com a mediação da voz de alguém." (Sá et. al. 2010, p. 12 apud Fontana, 2013)

Além dos audiolivros, os livros digitais em formato pdf, podem ser lidos através de softwares específicos, os chamados leitores de tela, são uma alternativa rápida e econômica de se ter acesso a várias obras literárias, conforme explica Fontana (2013). Há uma infinidade de livros literários de domínio público disponíveis para baixar na internet gratuitamente. O Ministério da Educação e Cultura disponibiliza no Portal Domínio Público, a maior biblioteca virtual brasileira, que permite busca por autor, título, tipo de mídia, categoria e idioma, está disponível em: http://www.dominiopublico.gov.br/pesquisa/PesquisaObraForm.jsp. Além disso os livros em pdf disponíveis para compra, são bem mais baratos que sua versão impressa. Ainda é importante lembrar que é permitido por lei a reprodução de livros visando facilitar o acesso para a pessoa com deficiência visual.

> Art. 46 Não constitui ofensa aos direitos autorais: I - a reprodução: [...] d) de obras literárias, artísticas ou científicas, para uso exclusivo de deficientes visuais, sempre que a reprodução, sem fins comerciais, seja feita mediante o sistema Braille ou outro procedimento em qualquer suporte para esses destinatários. (BRASIL, 1998)

Entre os recursos de informática existentes voltados para as pessoas com deficiência visual existem os softwares de acessibilidade definidos por Costa e Turci (2011, p. 3235) como:

> [...] programas de computador que permitem às pessoas com deficiência visual (DV) utilizar um microcomputador comum através da tecnologia de síntese de vozes. Essa tecnologia permite a leitura sonora dos textos apresentados na tela de um computador, tornando possível seu uso pelas pessoas com DV .

Sonza e Santarosa (2003, p. 3) explicam que: "Os softwares de acessibilidades em ambientes digitais para pessoa com deficiência utilizam ampliadores de telas para aqueles quem possui baixa visão e recursos de áudio, teclado e impressora em Braille para os que são totalmente cegos."

Segundo Ventavoli, (2010) os sistemas para deficientes visuais mais utilizados no Brasil são o Dosvox, Virtual Visio e Jaws, sendo o sistema Dosvox o mais utilizado atualmente no processo de inclusão digital e como recurso no processo de ensino/aprendizagem. Esses sistemas permitem "ás pessoas com deficiência visual, o acesso à aprendizagem, a conteúdos relevantes como pesquisas, jornais, livros entre outros, além disso, tais programas servem de apoio e são essências tanto na escola quanto no cotidiano. «(VENTOLI, 2010, p.1).

O Dosvox se popularizou por ser um sistema aberto, gratuito, de fácil operação e por fazer uma interlocução, ou interação, com o usuário, através de diálogos em que o computador "fala" e o usuário "responde".

Ventoli (2010), explica que a pessoa com deficiência ganha através deste sistema, autonomia e independência para utilizar o computador e acessar a internet, digitar e imprimir textos, utilizar redes sociais. O autor ainda explica que se trata de um software simples para usuários iniciantes de fácil instalação e utilização. O software Dosvox, está em sua 5ª versão, é de baixa complexidade, seu manual é simples, claro e objetivo. O pode ser baixado gratuitamente do site: http://intervox.nce.ufrj.br/dosvox/download.htm#completo .

Na mediação de leitura literária para a pessoa com deficiência o bibliotecário precisa conhecer para disponibilizar os meios e recursos para garantir a autonomia e a independência, para que ele possa fazer suas escolhas de leitura da mesma forma que um leitor vidente.

A Biblioteca Pública Municipal de Lagoa Santa

A Biblioteca Pública Municipal da cidade de Lagoa Santa, na região metropolitana de Belo Horizonte, Minas Gerais, oferece desde 2011 o serviço de acesso a informação para as pessoas com deficiência visual da cidade. Entre os serviços disponibilizados está a inclusão digital de pessoas com deficiência visual. É oferecido treinamento no uso do Dosvox e acesso a internet. O grupo de frequentadores do espaço é formado por leitores de perfil variado, são crianças, jovens, adultos e idosos.

Os serviços ofertados estão alinhados aos objetivos do Desenvolvimento Sustentável principalmente no que diz respeito ao objetivo n. 4 da Agenda 2030: "Assegurar a educação inclusiva e equitativa de qualidade, e promover oportunidades de aprendizagem ao longo da vida para todos.". A meta principal da Agenda 2030 que é "não deixar ninguém para trás" endossada pela ONU, norteia também o serviço oferecido na Biblioteca Pública Municipal de Lagoa Santa.

A Sala Braille funciona em um espaço no prédio da Biblioteca Pública Municipal com entrada independente, são oferecidas diversas atividades visando o incentivo a leitura literária, a autonomia da pessoa com deficiência visual e sua inclusão social, destacam-se: empréstimos de livros acessíveis em vários formatos: áudio, braile, edição em fonte ampliada (crianças com baixa visão); roda de leitura; hora do conto. Além desses serviços, oferece computadores de usos individual com software de leitores de tela utilizados na leitura de livros literários em pdf e scanner com voz para a leitura de livros em tinta.

No acervo da Sala Braille há cerca de 250 livros em braile, 560 livros em áudio, 50 livros em edição ampliada (para baixa visão), são clássicos e contemporâneos da literatura infanto-juvenil estrangeira e brasileira. Alguns livros infantis possuem ilustrações em relevo e audiodescrição, algumas coleções contam com CD incluso, que traz a descrição das imagens dos personagens, o que possibilita à criança maior interação com a história contada.

A tecnologia assistiva e a mediação de leitura para pessoa com deficiência visual

Quando a Biblioteca pública busca manter um acervo literário de livros acessíveis e disponibilizar recursos de tecnologia assistiva ela fomenta o processo de inclusão na literatura da pessoa com deficiência visual de forma autônoma. Dá a ela o direito de escolher livros, que ela mesma lerá, assim como as outras leitoras videntes já fazem.

Infelizmente ainda são poucas as editoras que produzem livros literários acessíveis de literatura, voltada para a pessoa com deficiência. Os livros, geralmente, são adaptações de obras já existentes e produzidos com patrocínio sendo a sua distribuição, em sua maioria gratuita, mas pouco a pouco, há mais interesse de editoras.

A Biblioteca Pública Municipal de Lagoa Santa tem como parceira a Fundação Dorina Norwill para cegos, principal produtora de livros em braile do país, que fornece os livros gratuitamente para o projeto.

Além dos livros acessíveis são disponibilizados também os livros em tinta que fazem parte do acervo geral da Biblioteca Pública. Os livros impressos em tinta são ofertados de duas formas: ou são lidos para as crianças com deficiência durante as atividades da "Hora do conto" ou lidos através do scanner com voz. O scanner com voz foi desenvolvido para atender os deficientes visuais, o aparelho é conectado ao computador, ele escaneia documentos impressos e reproduzir com o sintetizador de voz o texto digitalizado pelo software que o acompanha, seu custo não é proibitivo, equivale a de um notebook.

No caso do livro de literatura infanto-juvenil, a criança com deficiência pode até manipulá-lo, mas não conseguirá decodificar a história nele contida como as outras, sem mediação, podendo consequentemente demorar a entender a importância da linguagem escrita e, se não for corretamente estimulado, não se interessará em aprender a ler e a escrever.

A pessoa cega ou com baixa visão não se apropria das informações da mesma forma que outra vidente. Ela tenta compensar sua deficiência utilizando os outros sentidos e a linguagem oral. Como ela não consegue fazer uma leitura visual das imagens, é possível proporcionar uma leitura táctil, auditiva e até mesmo olfativa do livro, de modo que ela também consiga decodificar um texto através dos outros sentidos, mesmo que não saiba ler em braile. Cabe ao bibliotecário conduzir o leitor com deficiência visual nesse processo.

O fato de não enxergar não impossibilita a pessoa de aprofundar se no mundo das letras e ter total conhecimento da leitura. A questão é a dificuldade de acesso a materiais transcritos para o sistema de escrita braile, que acabam por limitar suas capacidades e não lhe asseguram o direito ao desenvolvimento da língua escrita como qualquer outro indivíduo. Daí a importância de se oferecer recursos e outras possibilidades para adaptarem livros de literatura para pessoas deficientes visuais. Enquanto a pessoa que enxerga faz uma leitura visual da imagem e interpreta de acordo com sua vivência, a pessoa cega deve fazer uma leitura táctil ou sonora a fim de conseguir os mesmos benefícios. Não há diferenças no processo de leitura, mas sim diferentes formas de se apropriar do mesmo objeto.

Para tornar-se um adulto leitor, a criança precisa ser estimulada de diversas maneiras, o mesmo é válido para a criança com qualquer grau de deficiência visual. A respeito da educação das crianças cegas, Vygostky (1997, p. 12) pontuou: "[...] uma criança cujo desenvolvimento está complicado pelo defeito não é simplesmente uma criança menos desenvolvida que as outras, mas uma criança que se desenvolve de outra maneira".

Assim a criança com deficiência visual deve ter experiências ricas e significativas para que não ocorram atrasos em seu desenvolvimento. Materiais adaptados tornam-se indispensáveis para que se possa oferecer a ela, assim como às outras crianças, padrões sensoriais com vistas à apropriação da cultura humana. É preciso oferecer condições de acesso e compartilhamento dos mesmo assuntos e obras literárias que as outras crianças que enxergam usufruem para as não videntes.

Além desses livros acessíveis quando selecionamos títulos que não temos a versão acessível para a "Hora do Conto" utilizamos também no projeto os livros em tinta que fazem parte do acervo geral da Biblioteca Pública, momento quando são lidas histórias para as crianças.

Uma outra possibilidade explorada na Biblioteca para a pessoa com deficiência visual ter acesso a livros literários é através do formato em pdf. Há muitos livros de literatura brasileira e estrangeira de domínio público disponíveis para download gratuito. Através dos leitores de tela como NVDA e Dosvox é possível para a pessoa com deficiência visual ouvir o livro tendo acesso ao conteúdo do livro. A Biblioteca Pública disponibiliza 8 computadores com acesso à internet e com os softwares livres NVDA e Dosvox instalados para uso das pessoas com deficiência visual. O grupo atendido foi apresentado aos recursos existentes e recebeu treinamento para seu uso. Contam com atendimento individualizado, as bibliotecárias de acordo com as necessidades especificas de cada um formulam e adéquam as atividades.

Um outro recurso disponível na Biblioteca Pública de Lagoa Santa é o scanner com voz que permite que livros impressos em tinta estejam acessíveis. O aparelho escaneia e seu software que vem incluso na compra do aparelho, lê o texto. Assim um livro em tinta que não está em formato acessível é possível de ser lido por uma pessoa que não enxerga. Dessa forma os mais de 45 mil livros literários da Biblioteca Pública estão disponíveis também para uso das pessoas com deficiência visual. Isso é um facilitador uma vez que há poucos títulos de livros em braile.

Considerações finais:

Os recursos de tecnologia assistiva trazem para o leitor com deficiência visual melhores condições de acesso à leitura literária, eles podem ler uma variedade maior de títulos e não apenas ficarem limitados aos disponíveis em braile. Consequentemente há melhoria na qualidade de vida, através do conhecimento adquirido por meio do acesso facilitado à cultura, à informação e à educação.

Dessa forma, o leitor com deficiência visual ganha condições de igualdade em relação ao leitor vidente, tendo a sua disposição os mesmos livros e com tempo gasto na leitura equivalentes por meio dos recursos que a tecnologia existente permite. O bibliotecário tem papel de mediador fundamental nesse processo, cabe ele conhecer e disponibilizar os recursos para o leitor com deficiência visual.

Pode-se então dizer que os softwares especializados são uma importante ferramenta para a mediação de leitura junto ao leitor com deficiência visual. A gratuidade de alguns recursos disponíveis na internet como os softwares de tela e livros em pdf e outros com preços cada vez mais acessíveis, como o scanner com voz, é uma vantagem que pode ser bem explorada nas Bibliotecas e instituições públicas de ensino.

Os recursos de tecnologia assistiva vem evoluindo e outros novos estão surgindo. É importante que cada vez mais os bibliotecários se atentem e estudem sobre estes recursos e suas possibilidades, que mais casos e relatos de experiência sejam divulgados para inspirar novas ações inclusivas e aprimorar as já existentes em bibliotecas. É importante também que as bibliotecas públicas assumam seu papel dentro dos objetivos da Agenda 2030 pelo desenvolvimento sustentável, em especial o de assegurar a educação inclusiva e equitativa de qualidade, e promover oportunidades de aprendizagem ao longo da vida para todos.

Referências

AGENDA 2030 para o desenvolvimento sustentável. Disponível em: http://www.agenda2030.org.br/sobre/. Acesso em: 20 maio 2019.

Bernardes, Adriana Oliveira. **Tecnologias para o ensino de deficientes visuais**. ago. 2017. Disponível em: http://www.educacaopublica.rj.gov.br/biblioteca/educacao/0265.html. Acesso em: 20 maio 2019.

BRASIL. **Lei n. 9610, de 19 de fevereiro de 1998**. Altera, atualiza e consolida a legislação sobre direitos autorais e dá outras providências. Disponível em: http://www.planalto.gov.br/ccivil_03/leis/l9610.htm. Acesso em: 25 maio 2019.

COSTA, Maria da Piedade Resende da; TURCI, Paulo Cesar. **Softwares de acessibilidade dosvox e virtual vision e a equiparação de oportunidades**. Dissertação (Mestrado em Educação Especial) - Universidade Federal de São Carlos. São Carlos, 165 p. 2013. Disponível em: https://repositorio.ufscar.br/bitstream/handle/ufscar/3132/5098.pdf?sequence. Acesso em: 26 maio 2019.

GUIDA, R. B. **A mediação da leitura literária na biblioteca escolar**: uma experiência com alunos de 5º ano do CEPAE/UFG. 2018. 157 f. Dissertação (Mestrado em Ensino na Educação Básica) - Universidade Federal de Goiás, Goiânia, 2018. Disponível em: https://repositorio.bc.ufg.br/tede/handle/tede/9029. Acesso em: 02 jun. 2019.

FONTANA, Marcus Vinícius Liessem. **Ler com outros olhos: a leitura para pessoas com deficiência visual (PDVS).** Revista Língua & Literatura, v. 15, n. 25, dez. 2013 p. 46-66. Disponível em: *revistas.fw.uri.br/index.php/revistalinguaeliteratura/article/download/1188/1668. Acesso em: 8 jun. 2019.*

NAÇÕES UNIDAS NO BRASIL - ONU BR. 17 Objetivos para transformar o mundo. Disponível em: https://nacoesunidas.org/pos2015/agenda2030/. Acesso em: 02 jun. 2019.

PIRES, Erik André de Nazaré. O bibliotecário como agente transformador social: sua importância para o desenvolvimento da sociedade informacional através da disseminação da informação. **Múltiplos Olhares em Ciência da Informação**, v. 3, n. 2, 2013. Disponível em: http://portaldeperiodicos.eci.ufmg.br/index.php/moci/article/view/2202. Acesso em: 05 jun. 2019.

VENTAVOLI, Fabíola Magda Andrade. **Os Recursos computacionais auxiliando os deficientes visuais.** jan. 2010. Disponível em: http://www.profala.com/artdef11.htm. Acesso em: 20 maio 2019.

VYGOTSKY, L.S. **Obras Escogidas:** Fundamentos de Defectología. Madrid: Tomás Breton, 1997. v. 5.

O ORGANIZADOR

Jorge Moisés Kroll do Prado

Coordenador de Desenvolvimento Científico do Senac Santa Catarina. Doutorando em Ciência da Informação pela Universidade Federal de Santa Catarina, mestre em Gestão de Unidades de Informação e bacharel em Biblioteconomia pela Universidade do Estado de Santa Catarina.

OS AUTORES

Carla Sousa

Atua como consultora em biblioterapia. Mestre em Ciência da Informação pela Universidade Federal de Santa Catarina, especialista em Artes Visuais e graduada em Comunicação Social – Jornalismo pela Universidade Federal de Sergipe.

Cleide Aparecida Fernandes

Bibliotecária gestora de cultura na Superintendência de Bibliotecas Públicas e Suplemento Literário de Minas Gerais. Graduada em Biblioteconomia pela Universidade Federal de Minas Gerais e diplomada em Gestão de Bibliotecas Públicas pela Universidad Alberto Hurtado (Chile).

Ciro Monteiro

Agente de Segurança Penitenciária no Centro de Progressão Penitenciária de Jardinópolis. Doutorando e mestre em Ciência da informação pela Universidade Estadual Paulista Júlio de Mesquita Filho, bacharel em Biblioteconomia e Ciência da Informação pela Universidade de São Paulo.

Cristina Troller

Bibliotecária no Colégio Marista Santa Maria. Especialista em Administração de Serviços pela Universidade do Vale do Rio dos Sinos e em Metodologia do Ensino Superior pela Fundação Lowtons de Educação e Cultura, bacharel em Biblioteconomia pela Universidade Federal do Rio Grande do Sul.

Daviane da Silva Ribeiro

Bibliotecária no Colégio Pedro II. Mestre em Biblioteconomia pela Universidade Federal do Estado do Rio de Janeiro, especialista em Literaturas Portuguesa e Africana e graduada em Biblioteconomia pela Universidade Federal do Rio de Janeiro.

Eliana Andressa Martins Gomes

Bibliotecária no Instituto Histórico e Geográfico do Rio de Janeiro. Bacharel em Biblioteconomia pela Universidade Federal do Estado do Rio de Janeiro.

Evandro Jair Duarte

Bibliotecário na Biblioteca Pública do Estado de Santa Catarina. Doutorando e mestre em Ciência da Informação pela Universidade Federal de Santa Catarina, especialista em Gestão da Informação e Inovações Tecnológicas pelo Instituto Brasileiro de Pesquisa e Extensão e bacharel em Biblioteconomia pela Universidade do Estado de Santa Catarina.

Fabíola Ribeiro Farias

Professora substituta no Centro Federal de Educação Tecnológica de Minas Gerais. Doutora e mestre em Ciência da Informação pela Universidade Federal de Minas Gerais, graduada em Letras – Português pela mesma instituição.

Felícia Fleck

Atua como contadora de histórias, apresentando espetáculos e ministrando oficinas para educadores. Doutora e mestre em Ciência da Informação pela Universidade Federal de Santa Catarina e bacharel em Biblioteconomia pela mesma instituição.

Felínio Freitas
Mediador cultural no Serviço Social da Indústria. Especialista em Gestão Cultural: Cultura, Desenvolvimento e Mercado pelo Centro Universitário Senac São Paulo e graduado em Jornalismo pela Universidade de Araraquara.

Gabriela Bazan Pedrão
Bibliotecária na Rede de Solidariedade do Grupo Marista. Doutora e mestre em Ciência da Informação pela Universidade Estadual Paulista Júlio de Mesquita Filho e graduada em Ciências da Informação e Documentação pela Universidade de São Paulo.

Lorisa Herminia Pinolevi de Souza Dias
Pós-graduanda em Arte Educação pela Faculdade Paulista de Arte. Bacharel em Biblioteconomia pelo Centro Universitário Assunção.

Maria Cristina Palhares
Docente no Centro Universitário Assunção. Doutora e mestre em Comunicação e Semiótica pela Pontifícia Universidade Católica de São Paulo, especialista em Língua, Literatura e Semiótica pela Universidade São Judas Tadeu e graduada em Biblioteconomia e Ciência da Informação pela Fundação Escola de Sociologia e Política de São Paulo.

Marina Marostica Finatto
Assistente de biblioteca no Colégio Marista Santa Maria. Especialista em Teoria e Prática da Formação do Leitor pela Universidade Estadual do Rio Grande do Sul e graduada em Letras – Português e Literaturas pela Universidade Federal do Rio Grande do Sul.

Mozilene Neri
Coordena o projeto Rodas Literárias, idealizado para bibliotecas públicas. Mestre em Educação pela Universidade Estadual de Campinas e graduada em Letras pela Universidade Federal do Rio de Janeiro.

Nanci Oddone
Professora no Programa de Pós-Graduação em Biblioteconomia e no Departamento de Biblioteconomia da Universidade Federal do Estado do Rio de Janeiro. Doutora em Ciência da Informação pela Universidade Federal do Rio de Janeiro, mestre em Ciência da Informação pela Universidade de Brasília, especialista em Produção Editorial pela Universidade Católica de Salvador, especialista em Língua Inglesa pelo Centro de Cultura Anglo-Americana, bacharel em Biblioteconomia e Documentação pela Universidade Federal da Bahia, licenciada em Letras Vernáculas pela Universidade Federal da Bahia e bacharel em Letras Vernáculas pela Universidade Federal do Rio de Janeiro.

Noely Santos
Professora na Faculdade Adventista Paranaense. Mestre em Enfermagem na Saúde do Adulto pela Universidade de São Paulo, especialista em Saúde Pública e Envelhecimento pela Universidade de São Paulo, especialista em Docência Universitária pelo Centro Universitário Adventista de São Paulo, especialista em Musicoterapia pela Faculdade Paulista de Artes e graduada em Enfermagem pela Universidade de São Paulo.

Patrícia Vargas Alencar
Professora no Programa de Pós-Graduação em Biblioteconomia da Universidade Federal do Estado do Rio de Janeiro. Doutora e mestre em Linguística, bacharel e licenciada em Letras Português Literatura, pela Universidade Federal do Rio de Janeiro.

Paula Renata Mariano
Atua em bibliotecas públicas elaborando e coordenando projetos culturais, sociais e de inclusão. Especialista em Gestão Pública Municipal pela Faculdade Pedro Leopoldo e graduada em Biblioteconomia pela Universidade Federal de Minas Gerais.

Poliana Fragatti
Bibliotecária no Instituto Adventista Paranaense. Mestranda em Ciência da Informação pela Universidade Estadual de Londrina, especialista em Gestão de Bibliotecas Escolares pela Unyleya Editora e Cursos e bacharel em Biblioteconomia pela Universidade Estadual de Londrina.

Regina Garcia Brito
Analista de Informações, Cultura e Desporto na Prefeitura de São Paulo, CEU Azul da Cor do Mar, Prof. Josei Toda. Mestranda em Ciência da Informação pela Universidade de São Paulo, especialista em Gestão da Informação Digital pela Fundação Escola de Sociologia e Política de São Paulo, graduada em Biblioteconomia e em Letras Espanhol e Português pela Universidade de São Paulo.

Tatiana Soares Brandão
Bibliotecária na Biblioteca Pública de Lagoa Santa. Graduada em Biblioteconomia e em Letras pela Universidade Federal de Minas Gerais. Especialista em Gestão de Projetos Sociais.

Esta obra foi composta em Arno pro Light 12, e impressa em papel pólen soft 80, pela RENOVAGRAF, para a Editora Malê em setembro de 2020.